27,50 c/c

« RÉPONSES/SANTÉ »
Collection dirigée par Joëlle de Gravelaine

Dr HENRI RUBINSTEIN

PSYCHOSOMATIQUE DU RIRE

ÉDITIONS ROBERT LAFFONT
PARIS

Si vous désirez être tenu au courant des publications de l'éditeur de cet ouvrage, il vous suffit d'adresser votre carte de visite aux Éditions Robert LAFFONT, Service « Bulletin », 6, place Saint-Sulpice. 75279 Paris Cedex 06. Vous recevrez régulièrement et sans aucun engagement de votre part leur bulletin illustré, où, chaque mois, sont présentées toutes les nouveautés que vous trouverez chez votre libraire.

Car vivre, cela signifie être double :
être prêt à chaque instant pour le sérieux,
mais aussi pour la plaisanterie.

GEORG GRODDECK

Moi aussi je dis haha,
Cela fait du bien de rire, de temps en temps, dit-il.
N'est-ce pas ? dis-je.
C'est le propre de l'homme, dit-il.
Je l'ai remarqué, dis-je.

SAMUEL BECKETT

1.

POURQUOI CE LIVRE ?

Ce livre étudie le rire d'un point de vue physiologique et thérapeutique, et pour cela il me faut d'abord dire où le rire intervient dans l'équilibre biologique qui conditionne la santé et la maladie, quelle est sa place dans la démarche médicale.

Le développement de méthodes d'approche psychosomatiques ou somato-psychiques des maladies a rendu familière la notion qu'il existe des rapports très étroits entre l'esprit et le corps, la pensée et les organes, les émotions et les symptômes pathologiques.

L'attitude dualiste, qui limitait la maladie à l'atteinte spécifique d'un organe ou d'un appareil, est de plus en plus battue en brèche par les découvertes, chaque jour plus nombreuses, des connexions, d'abord anatomiques, puis neurochimiques et neurohormonales qui existent entre les systèmes nerveux central et périphérique et les organes cibles d'affections qui peuvent être métaboliques, infectieuses, toxiques, voire tumorales.

Certains des mécanismes intimes de la pensée et des émotions sont maintenant bien connus et démontrent que ce que l'on nomme « maladie » ou « symptôme » n'est bien souvent que la conséquence périphérique de désordres nerveux, mais que, en revanche, les symptômes organiques périphériques entretiennent ces désordres nerveux.

Cette notion de « feed-back », c'est-à-dire de boucle de contrôle entre le stimulateur et l'effecteur, née de la cybernétique, est retrouvée dans toutes les structures vivantes, c'est le « bio-feed-back ».

Chose plus importante, les médecins se sont familiarisés avec ces faits, et, s'ils en ont la formation, la disponibilité, le temps et l'envie, ils s'occupent du corps malade comme d'une totalité.

Ils entrevoient ou savent les rapports entre l'humeur et la santé, entre le pessimisme et la dépression nerveuse, entre l'optimisme et la guérison.

Mes propres recherches et travaux concernant la spasmophilie ont démontré, d'une façon qui est maintenant admise, le rôle carrefour de cette affection. Nous avons là une authentique démonstration des rapports très fins qui existent entre une pathologie véritablement organique et des manifestations psychiques.

Cette démonstration se fonde sur la mise en évidence d'un certain nombre de cercles fonctionnels où l'hyperexcitabilité neuromusculaire, c'est-à-dire un symptôme périphérique d'origine métabolique, entretient l'anxiété, c'est-à-dire un symptôme central. Mais où l'anxiété, à son tour, par l'intermédiaire des neuromédiateurs, entretient cette hyperexcitabilité périphérique, responsable des principaux symptômes de la spasmophilie.

Sans revenir longuement sur cette question, importante car clairement démonstrative, je rappelle que toute une symptomatologie, extrêmement riche, que l'on convient de nommer fonctionnelle, se traduit par une pathologie lourde, parfois invalidante, qui associe fatigue, anxiété, insomnies, crampes musculaires, troubles digestifs, troubles cardio-vasculaires, troubles neurologiques, états dépressifs.

Cette pathologie fonctionnelle est, en fait, microlésionnelle, et j'ai développé par ailleurs le rôle des perturbations ioniques et cellulaires responsables de l'hyperexcitabilité neuromusculaire, le rôle de l'alcalose gazeuse et du syndrome d'hyperventilation, le rôle de la sécrétion en excès de neuromédiateurs, en particulier l'adrénaline, le rôle du cortex cérébral et des structures sous-corticales, dans la constitution des cercles vicieux autoentretenus qui caractérisent cette maladie.

L'étude du stress apporte un autre exemple de ces cercles vicieux autoentretenus, responsables de maladies.

Nous voyons, dans ce cas, comment les tensions psychiques liées au surmenage ou à des facteurs psychologiques, entretiennent une surproduction de neuromédiateurs et d'hormones telles l'adrénaline ou les hormones surrénales, responsables sur les organes périphériques d'affections qui peuvent être graves, comme des ulcères de l'estomac ou des infarctus du myocarde.

La constatation de l'existence de tels cercles vicieux de la maladie, dont beaucoup restent sans doute encore à mettre en évidence, interpelle le médecin au niveau de la compréhension de la nature même du geste médical. Car soigner et guérir, cela est, certes, agir ponctuellement sur le désordre le plus voyant de ces cercles. Nous le savons fort bien. Nous allons traiter un ulcère de l'estomac, peut-être allons-nous le faire opérer. Nous allons agir sur l'excitabilité neuromusculaire en prescrivant des sels minéraux. Nous allons conseiller un anxiolytique pour réduire ou supprimer l'anxiété. Nous allons parfois mettre en œuvre des techniques plus globales de relaxation ou de médecine du terrain.

En fait nous allons surtout agir techniquement sur l'organe le plus touché, le symptôme le plus voyant. C'est déjà beaucoup.

Mais cela suffit-il à démanteler complètement les cercles vicieux de la maladie ? Fort heureusement la réponse est souvent oui. Mais, souvent aussi, les cercles vicieux de la maladie restent en place, à peine ébranlés par le geste médical, et prêts à fonctionner de plus belle.

Alors le médecin baisse les bras, découragé devant ce malade. D'autres malades l'attendent. Pour notre malade c'est le moment d'entrer dans un autre cercle, celui de tous les médecins qu'il consultera, chacun agissant techniquement en un point du cercle vicieux de sa maladie, jusqu'à ce qu'il soit démantelé, ou que notre malade ou ses médecins se lassent.

Ces situations ne sont pas satisfaisantes, ni pour le malade, qui ne va pas mieux, ni pour le médecin, qui se sent impuissant et inutile. Certains malades, nous en verrons des exemples, sont conduits à prendre en charge leur maladie et leur guérison, seuls ou avec l'aide d'un médecin tolérant. Certains médecins, pour leur part, se demandent ce qu'ils pourraient faire de plus.

Si les cercles vicieux de la maladie sont tellement résistants, peut-on trouver une porte ou une voie de sortie ?

A cette question des réponses diverses ont été proposées : les psychothérapies, la psychanalyse, les techniques comportementales, le cri primal, le yoga, la relaxation, la culture physique... On peut estimer que toutes ces techniques agissent au niveau cortical ou sous-cortical en contribuant à réguler, à moduler, le flot de neuromédiateurs qui contrôle l'organisme.

Ces méthodes ont un intérêt variable, je ne discuterai pas, pour le moment, de leurs mérites respectifs, mais il est légitime de les considérer comme des outils mis à la disposition des médecins pour éviter que ne se reconstituent les cercles vicieux de la maladie.

A la différence de ces techniques, le rire n'est pas un simple instrument dans la boîte à outils ou la trousse du médecin.

C'est, au contraire, un phénomène humain complet qui joue un rôle fondamental au carrefour des manifestations musculaires, respiratoires, nerveuses et psychiques de l'individu.

Cette vérité, connue depuis l'enfance de l'humanité, a maintenant été suffisamment étudiée et précisée, pour que l'on puisse expliquer en quoi, pourquoi et comment le rire est un phénomène essentiel au maintien de la santé. Mieux encore, nous pouvons décrire la plupart des niveaux de la physiologie du rire, le niveau cortical conscient, le niveau sous-cortical où s'effectue l'intégration des données qui déclenchent le rire, le niveau hypothalamique où interviennent les différentes hormones et neuro-médiateurs, le niveau musculaire et respiratoire où se produisent les manifestations extérieures du rire. Nous pouvons comprendre les liens entre ces différents niveaux, les régulations en boucle de « feedback » qui s'y produisent. Nous voyons se dessiner sous nos yeux un cercle cortico-neuromusculaire, ce cercle est celui du fonctionnement normal d'une manifestation vitale, ce cercle est celui de la santé, c'est le cercle vertueux de la santé.

Nous verrons aussi que ce cercle de la santé, ce cercle vertueux de la santé, est constitué des mêmes éléments anatomiques et physiologiques que celui que nous appelons cercle vicieux.

La description précise des mécanismes de production des symptômes pathologiques fait appel aux mêmes éléments, aux mêmes structures que la description des processus vitaux normaux. La maladie, par ses agents pathogènes, est plus qu'un dérèglement des systèmes vitaux, c'est un véritable retournement de ces systèmes, les mécanismes qui contribuaient au maintien de la vie et de la santé fonctionnent à l'envers, le cercle vertueux devient cercle vicieux. Le « silence des organes » devient symptôme.

Le médecin comprend alors la guérison comme une translation du cercle vicieux au cercle vertueux, ou mieux, comme un nouveau retournement des mécanismes de production des symptômes.

Nous verrons que le rire est un des plus sûrs agents de ce retournement, car les mécanismes neurophysiologiques du rire, inscrits dans la structure intime du vivant, sont tangents en plusieurs points, ou se superposent, aux cercles vicieux des processus pathologiques. Le rire est présent en de nombreux endroits dans le cercle vertueux de la santé ; ces endroits délicats, ces endroits charnières, sont le cortex cérébral, le système limbique (centre des émotions), l'arbre respiratoire et le système musculaire. Ces lieux sont en même temps les lieux de production des symptômes, et le rire est l'agent indispensable capable de baliser les points de passage, les aiguillages, les croisements, les bretelles, les déviations, les demi-tours qui permettront de passer du cercle de la maladie à celui de la santé.

C'est là le propos de ce livre : exposer l'acquis, rapporter des expériences professionnelles, proposer une méthode.

Exposer l'acquis, c'est rappeler ce que la sagesse populaire a toujours dit du rire et de ses bienfaits ; de l'Antiquité à nos jours, joie, rire, bonne humeur, optimisme ont le plus souvent été associés à la santé, au bien-être et à la longévité.

Exposer l'acquis, c'est faire le point sur ce que les penseurs, philosophes et psychologues ont écrit sur le rire et le comique, ce qui le provoque, ce qui l'entretient, les différents mécanismes du comique et du risible qui ont été proposés. Nous verrons que ce qui fait rire est un sujet largement débattu, où chacun a une explication à fournir, qu'il croit volontiers la seule valable, et où, souvent, se fait jour une certaine ambivalence.

Exposer l'acquis, c'est faire l'histoire médicale de cette idée : « le rire c'est la santé ». Quelle a été l'approche scientifique de ce problème, ce que disaient les anciens, ce que l'on croyait au XVIIIe siècle, ce que l'on découvrait au XIXe et au XXe siècle.

Exposer l'acquis, c'est aussi, et surtout, quitter le terrain psychologique de ce qui fait rire, pour s'occuper de ce qui se passe quand on rit. C'est, à la lumière de nos connaissances actuelles, décrire les structures neurologiques qui interviennent dans le rire ; suivre le cheminement des influx nerveux et des neuro-médiateurs entre le cortex cérébral, le système limbique et l'hypothalamus ; examiner les composantes respiratoires du rire ; étudier les composantes musculaires du rire au niveau de la face, des muscles thoraciques, du diaphragme ; évaluer les effets à distance du rire sur le tonus musculaire, l'oxygénation cérébrale, le système cardio-vasculaire, le système digestif et le métabolisme général.

Exposer l'acquis, c'est enfin comprendre comment le rire intervient dans la production des neuro-médiateurs cérébraux, indispensables à l'équilibre du corps et à la santé.

Rapporter des expériences professionnelles, c'est parler des cas connus de guérison par le rire ; c'est envisager, pour chaque appareil et fonction de l'organisme, les effets bénéfiques et curateurs du rire.

Rapporter des expériences professionnelles, c'est

16

encore essayer de comprendre ce qui agit véritablement dans le maintien de la santé et le déclenchement de la maladie ; tenter de voir, sur des exemples concrets, quels sont les rôles respectifs des agents pathogènes, du médecin, de ses médicaments et de la volonté de vivre, de l'optimisme des malades ; comprendre en quoi le meilleur médecin et le meilleur médicament sont parfois impuissants à soulager un malade défaitiste et non coopérant ; comprendre pourquoi des médecins réputés ignares, des produits inactifs ressemblant à des médicaments (placebo), provoquent des guérisons chez des malades traités jusque-là sans succès. Ces questions sont au centre de la pratique médicale, et nous verrons qu'elles touchent de très près aux problèmes du rire et de l'optimisme.

Rapporter des expériences professionnelles, c'est aussi rendre hommage à nos malades, qui nous font découvrir la volonté de guérir, qui savent qu'ils ont en eux ce cercle vertueux de la santé, et qui demandent à leurs médecins une aide pour le retrouver. Ce sont nos malades qui nous font médecins.

Proposer une méthode thérapeutique, c'est d'abord, plus modestement, ajouter un outil dans la trousse du médecin, ou plus exactement ajouter un « médicament » à sa pharmacopée. Sans que les médecins négligent l'ensemble de leur science et de leur pharmacopée, car la médecine est une chose sérieuse, ils peuvent disposer d'un produit qui ne se croque, ni ne s'injecte, extrêmement bon marché, très efficace et parfaitement inoffensif, le rire. Le rire ne se prescrit pas, mais le médecin doit aussi savoir faire rire et sourire ses malades, leur faire retrouver une attitude optimiste, les encourager à la détente du rire, que ce soit par des exercices réglés, des lectures, des spectacles ou par son propre humour, s'il en a.

II.

QUELQUES DRÔLES D'HISTOIRES

Je rapporte ici quelques observations médicales recueillies dans ma pratique professionnelle et qui peuvent aider à comprendre comment s'articulent les rapports entre le rire et la santé, comment se posent, au jour le jour, pour le médecin, à la fois les possibilités d'utiliser le rire en thérapie et la nécessité de garder son propre sens de l'humour.

M. T., quarante ans, marié, deux enfants, est professeur de physique dans un lycée de province. Il vit à Paris et enseigne deux jours et demi par semaine dans une grande ville de l'Est. Ce patient consulte pour des maux de tête apparus depuis trois mois ; ces maux de tête sont violents, situés en un endroit fixe du crâne, quotidiens et permanents. Il n'a pas de nausées ni de troubles visuels mais une instabilité à la marche avec sensations vertigineuses. L'examen neurologique est normal, mais on retrouve une certaine difficulté à la station debout. Le malade est extrêmement anxieux de son état et, devant la persistance de ses maux de tête, on craint une lésion cérébrale et il est hospitalisé dans un service de neurologie où l'on pratique un bilan très complet qui se révèle à peu près normal, mis à part une petite image douteuse au scanner, insuffisante cependant pour porter un diagnostic. Après une hospitalisation de trois semaines, passées à pratiquer des explorations complémentaires parfois pénibles et douloureuses, le malade sort de l'hôpital.

On lui dit qu'il n'a probablement rien de grave, probablement pas de tumeur au cerveau, mais que l'on ne peut rien affirmer, qu'il existe une image douteuse au scanner et qu'il faudra faire un scanner de contrôle dans deux mois. Je vois le malade deux semaines après sa sortie de l'hôpital, il souffre toujours et est complètement affolé, dépressif et même suicidaire. Il me raconte son histoire et, après un nouvel examen neurologique soigneux qui est négatif, je lui explique qu'il est vraisemblable que ses maux de tête sont liés à une dépression nerveuse secondaire à ses conditions de vie et de travail, mais qu'il est malgré tout nécessaire de faire le scanner de contrôle. Le malade est partiellement soulagé, retrouve un semblant de sourire, je lui recommande d'essayer de ne pas penser à son problème, de se distraire, d'arrêter transitoirement son travail et lui prescris un traitement antidépresseur. Nous prenons rendez-vous trois semaines plus tard, date à laquelle il me rapportera les résultats de son nouveau scanner. A sa nouvelle consultation, le malade va mieux, ses douleurs ne sont plus permanentes, il a retrouvé une certaine joie de vivre. L'image douteuse vue sur le premier scanner n'a strictement pas évolué sur le second.

Je dis au malade d'oublier la tumeur au cerveau, qu'il n'y en a pas, qu'il n'y en a jamais eu. Il éclate de rire. Des semaines d'inquiétude, de douleurs, de tension, d'anxiété se transforment d'un coup en un éclat de rire de soulagement. Quelque chose s'est dénoué chez ce malade, il a admis de voir ce qu'il refusait de voir, à savoir qu'il acceptait de mener une vie incompatible avec ses besoins.

Son corps ne l'a pas accepté, s'est manifesté, a dit « Stop ». Le rire apparaît là comme le moment culminant de cette prise de conscience. Je lui demande à brûle-pourpoint pendant qu'il rit s'il a encore mal à la tête et il me confirme effectivement qu'il n'y pense plus. L'état de ce malade va continuer de s'améliorer, d'autant qu'il entreprend enfin très activement les démarches nécessaires pour obtenir une mutation et un poste à Paris, démarches qu'il avait jusqu'alors tentées mollement et négligemment.

J'ai un peu détaillé cette observation car, bien que banale, elle est exemplaire sur plusieurs points :

1) La nécessité de faire un diagnostic précis, l'imprécision du diagnostic étant la plus grande source d'angoisse chez les malades.

2) La nécessité, quand on entreprend des investigations sophistiquées et complexes, de ne pas perdre de vue l'ensemble du problème d'un malade donné. La haute technicité des spécialistes, leur langage hermétique sont terriblement déroutants pour le profane. Il faut expliquer et dédramatiser.

3) L'hospitalisation était utile dans ce cas mais elle a contribué à paniquer le patient, les examens

21

complémentaires indispensables auraient sans doute pu être réalisés sans hospitalisation, dans une atmosphère plus rassurante pour le malade.

4) L'utilité évidente de certains traitements pharmacologiquement très actifs sur l'humeur, comme les antidépresseurs.

5) Le rôle libérateur du rire dont la réapparition marque, certes, l'amélioration de l'état dépressif mais surtout le moment de compréhension du mécanisme de production du symptôme et le début du retournement de ce processus.

Mme R., vingt-quatre ans, est mère d'un gros bébé de trois mois, c'est sa première grossesse, elle ne travaille pas et s'occupe beaucoup de son enfant. Elle est atteinte progressivement d'une paralysie du bras gauche. Affolement de la mère et de son médecin, hospitalisation en neurologie, ponction lombaire, examens divers qui aboutissent au diagnostic de première poussée de sclérose en plaques. La jeune mère sort de l'hôpital sans traitement.

Elle vient me voir en consultation, pour avis, un an après sa sortie de l'hôpital. Son état est inchangé, elle présente effectivement une paralysie partielle du bras gauche mais rien de plus, et elle irait bien si elle n'était pas hantée par l'idée de la sclérose en plaques, car elle a tout pour être heureuse. Les éléments du dossier qu'elle me communique ne me semblent pas décisifs pour établir un tel diagnostic dont on connaît la gravité. En examinant attentivement la malade, je constate que seuls certains muscles du bras gauche sont paralysés et que l'engourdissement ne touche également qu'une partie du bras.

En analysant plus soigneusement les circonstances du début de cette paralysie, on s'aperçoit qu'elle est survenue en deux semaines, alors que la maman portait constamment son bébé, très lourd, au pli du coude : il s'agissait d'une paralysie isolée de la branche postérieure du nerf radial et non pas d'une maladie neurologique. J'ai expliqué à cette jeune femme que cette paralysie curieuse avait constitué une fausse piste qui avait conduit au faux diagnostic de sclérose en plaques, qu'en s'amusant avec son bébé, en riant de sa mésaventure, en faisant de la rééducation, en prenant des vitamines B et en cessant de porter l'enfant de cette façon, tout allait rentrer dans l'ordre, ce qui fut effectivement le cas.

Moins drôle malheureusement, un cas exactement similaire a duré dix ans entre le début des troubles et le diagnostic. Pendant dix ans, cette femme a eu une vie gâchée, attendant jour et nuit la paralysie complète. Je l'ai connue dépressive, et trop tard pour que l'on puisse redresser la situation sur le plan précis de la paralysie du bras. Mais j'ai pu redonner espoir, joie de vivre à cette patiente en lui expliquant de quoi il s'agissait et en la faisant sortir du cercle vicieux anxiété-dépression.

M. B., quarante-cinq ans, bon vivant, gros mangeur et buveur, cadre supérieur, marié, présentait depuis deux ans des douleurs de poitrine, oppression thoracique, tachycardie, palpitations. Les bilans cardio-vasculaires avaient conclu à une insuffisance coronarienne et un cardiologue avait conseillé une intervention chirurgicale pour améliorer l'apport sanguin du cœur (pontage coronarien). Ce patient souhaitait avoir mon avis, non pas sur le plan cardiaque, mais en général. Il s'agissait en fait d'un sujet anxieux pléthorique qui était porteur d'une spasmophilie décompensée. J'ai déconseillé l'opération à ce malade, lui ai donné à suivre des règles hygiéno-diététiques et un traitement de sa spasmophilie. Je l'ai fait rire de ses malheurs et lui ai conseillé une rééducation-relaxation par le rire. Il va très bien et il n'est plus question de l'opérer.

M. C. est un vieil homme, fin et cultivé de soixante-quinze ans. Il était veuf depuis trois mois et très abattu par la mort de sa femme quand il fut atteint d'une polynévrite des membres inférieurs (maladie qui touche les nerfs des jambes et produit manque de force et douleurs importantes). Les polynévrites sont parfois causées par l'alcool, le tabac, les toxiques ou le diabète, mais, dans la plupart des cas, on n'en trouve pas l'origine et elles sont souvent pénibles et difficiles à soigner.

C'était le cas chez M. C., qui souffrait d'une de ces polynévrites idiopathiques (c'est-à-dire polynévrite dont on ne trouve pas l'origine) extrêmement douloureuses. Dans le cas de ce malade, ses symptômes ont été bien améliorés quand je lui ai conseillé, en association avec des vitamines B, de se distraire pour moins penser à son veuvage et aussi quand j'ai pu le convaincre de rire, ce qui était facile car il aimait la plaisanterie et les spectacles.

Mme N., quarante-huit ans, sans profession, souffrait de douleurs articulaires et musculaires chroniques au niveau du cou, de la région lombaire, des cuisses. A l'examen, on constatait des contractures musculaires importantes et diffuses. Il n'y avait cependant pas de signes biologiques de rhumatisme inflammatoire et il s'agissait en fait d'un état arthrosique prononcé chez une malade relativement jeune, aggravé par des phénomènes de tension musculaire. Cette patiente ne supportait ni les médicaments antalgiques ni les médicaments anti-inflammatoires, qui lui procuraient nausées et vomissements. Je lui ai expliqué comment rire pouvait à la fois calmer ses douleurs et la décontracter, puis je lui ai fait suivre des séances de rire quotidiennes qui suffisent à la maintenir dans un état satisfaisant.

Mme D., trente ans, secrétaire, est une constipée chronique qui use et abuse de laxatifs. Sa constipation est liée à un dolicho-mégacôlon (côlon trop gros et trop long) et à une hygiène alimentaire défectueuse.

En rééquilibrant son alimentation et en effectuant un brassage digestif et abdominal quotidien par le rire, elle a pu retrouver un transit intestinal à peu près normal.

Toutes ces observations, et j'en aurais beaucoup d'autres à proposer, mettent en évidence l'intrication de nombreux facteurs dans la genèse des maladies, la nécessité d'un diagnostic médical précis, le caractère nécessaire et parfois indispensable d'un traitement médical actif qui doit toujours être associé à des prescriptions hygiéno-diététiques, mais également le rôle que peut remplir le rire, son rôle libérateur, son action positive contre l'anxiété et la tristesse, mais

25

aussi plus simplement son rôle mécanique, relaxant et antalgique.

Nous allons maintenant pouvoir examiner « comment ça se passe », comment un processus psycho-physiologique participe à la guérison, comment rire pour guérir mais aussi guérir pour rire.

III.

LA SAGESSE DES NATIONS

« Le rire, c'est la santé » fait partie de ces formules qui remontent à la nuit des temps, que chacun sait obscurément vraies, que l'on ne songe pas à remettre en question.

Mais cet adage, comme toute chose très simple, semble invérifiable, il est accepté comme tel et paraît résister à toute explication logique. C'est un fait, un postulat retrouvé par toutes les générations, transmis par toutes les cultures.

On peut penser qu'il existe, enfoui dans la conscience humaine, un savoir instinctif de ce qui est bon pour l'individu et pour le groupe. La réalité de ce savoir instinctif est attestée par de nombreux exemples tout au long de l'histoire de l'humanité.

Déjà, l'homme préhistorique riait pour signaler l'absence de danger et pour désarmer ses ennemis. Cette thèse, développée par Darwin, est magnifiquement illustrée dans une séquence d'un film récent : *La Guerre du feu,* où la découverte laborieuse du rire

27

se traduit par une joie intense qui se communique à toute la horde primitive. L'hominien devient homme quand il rit. Le rire est d'abord une émotion qui apparaît dans le soulagement lié à la cessation du danger. Nous verrons que les centres de cette émotion sont situés dans la partie la plus ancienne du cerveau, celle-là même qui n'a pas changé depuis la préhistoire.

Plus tard dans l'évolution, le développement du cortex supérieur, qui a placé les émotions, en partie, sous le contrôle de la raison et de l'intelligence, a contribué à endiguer ce grand rire de joie venu du fond des âges.

Si l'espèce humaine et son cerveau ont évolué, les structures neurologiques anciennes restent présentes ; elles sont enfouies mais toujours nécessaires pour équilibrer le délicat fonctionnement de l'organisme, répondre à nos besoins fondamentaux et manifester nos émotions, manger, dormir, aimer, se battre, souffrir, rire.

Nous savons instinctivement que le rire est une émotion positive car il est témoin de l'époque primitive où seule importait la survie de l'espèce, ce qui était bon ou mauvais, ce qui était danger et mort, ce qui était absence de danger, joie et vie.

En dépit d'une vision morale souvent négative dans les civilisations judéo-chrétiennes, le rire a toujours eu une grande importance dans les comportements sociaux de l'espèce humaine, le rire et aussi les réjouissances, les fêtes, toutes les occasions de communiquer dans l'allégresse. L'homme moderne retrouve les grands mythes primitifs, les conduites ancestrales, les comportements prélogiques. La notion essentielle de plaisir, d'instinct de vie est au centre de la question du rire et ceux qui y voient avant tout manifestation intellectuelle, manifestation de supériorité, dérision, satanisme, feraient bien de s'en souvenir.

Nous verrons plus loin que de nombreux philosophes et penseurs ont tenté d'accréditer une ambivalence profonde vis-à-vis du rire qui serait finalement une vertu primitive tout juste bonne à satisfaire les bas instincts de la populace et indigne de l'élévation d'esprit propre aux classes supérieures et aux lettrés. Que ce soit par la recherche de l'ascétisme (saint Jean Chrysostome : Le rire et la plaisanterie ne paraissent pas des péchés mais ils conduisent au péché) ou à cause de l'idée qu'on pouvait se faire de sa condition de gentilhomme (lord Chesterfield : Le rire bruyant est le plaisir de la plèbe qui ne se plaît qu'aux choses vulgaires), nous voyons là des exemples de répression sociale d'émotions et de pulsions fondamentales. J'examinerai ailleurs comment le rire né dans le cerveau primitif (système limbique) est contrôlé mais aussi réprimé par le néo-cortex (cerveau conscient) puis par le corps social. Se retrouvent à propos du rire les trois instances de la personnalité des psychanalystes : Ça (système limbique), Moi (néo-cortex), Surmoi (corps social) et la levée des inhibitions du rire sera là encore travail de médecin.

Mais je crois plus utile pour le moment de montrer que le rire a toujours tenu une grande place, une place d'honneur dans notre société.

Nous nous sommes toujours davantage préoccupés de rire, rire aux éclats, rire aux larmes, se fendre la pêche, s'éclater la rate, etc., que de savoir au juste ce qui nous fait rire et cela est sans doute justice car analyser et disséquer le rire le détruit. L'opinion des penseurs sur le rire a finalement toujours eu peu d'écho, en dehors de la notable exception de Bergson. L'espèce de suspicion qui entoure le rire ne nous a, dans l'ensemble, jamais empêchés de rire, car rire est un besoin. Nous le savons bien, le public le sait bien, qui fait toujours les grands succès aux spectacles comiques. Les publicitaires le savent également, eux pour qui l'argument du rire est de tout premier choix dans la promotion d'un film ou d'une pièce de théâtre. Qui plus est, le public sait même découvrir et reconnaître un spectacle véritablement hilarant quand le tam-tam publicitaire l'a oublié ou occulté, de nombreux exemples récents en sont la preuve. Fonctionne alors à plein le bouche à oreille car on se repasse une occasion de rire comme on fait volontiers circuler une histoire drôle.

Le besoin de rire est inscrit en nous, il est inscrit dans le développement de l'espèce, dans le développement de l'individu (le premier sourire apparaît vers le premier mois de la vie, le rire aux éclats à quatre mois) il est aussi inscrit dans les rapports sociaux et le rire peut être considéré comme le meilleur moyen de communiquer.

Les pratiques de rire collectif sont connues et de nombreux exemples sont rapportés par les ethnologues (Indiens Hopis, Indiens d'Amazonie, Noirs du Soudan, etc.) mais dans nos sociétés également le rire apparaît comme un moyen de resserrement du groupe, un moyen de diminuer les tensions, un moyen de participer à une joie collective pour l'ensemble des personnes présentes.

Nombre d'expressions populaires et de locutions courantes attestent de l'importance reconnue au rire, qu'il s'agisse de son intensité : rire aux éclats, aux larmes, à gorge déployée, du bout des lèvres, du bout des dents, se tordre de rire, ou de comparaisons : rire comme une baleine, comme un bossu. Le rire est associé à la victoire : rira bien qui rira le dernier. Le rire est bien entendu le propre de l'homme, comme disait Rabelais, qui était également médecin. Cette expression de la spécificité humaine, par un rapport entre une activité physiologique et une signification psychologique, est à remarquer. Je me souviens qu'un fabricant de fromage avait voulu détrôner la célèbre « Vache qui rit » par le slogan suivant : « Le rire est le propre de l'homme, le sérieux celui de la vache. »

Dans le langage populaire, le rire n'a jamais de connotation péjorative : dans l'expression « Plus on est de fous, plus on rit », *fous* est synonyme de *nombreux* (comme dans un « monde fou ») et associe la notion de quantité à celle de divertissement (le fou, le bouffon avaient pour fonction d'amuser et de faire rire). Et même « mourir de rire » est une bien belle mort.

Le rire tient une grande place dans les conversations courantes, la motivation en est simple, on aime rire, on aime s'amuser, passer un bon moment et l'on est également conscient des effets bénéfiques à moyen et à long terme du rire.

La sagesse des nations sait parfaitement que rire est aussi défoulement, soulagement d'une tension, libération d'une agressivité qui serait préjudiciable si elle se manifestait d'une autre façon. Dans certaines

31

entreprises japonaises, il existe des salles spéciales où les ouvriers et employés peuvent aller se défouler sur un portrait de leur patron, se moquer de lui et lui rire au nez.

Il faut faire confiance à la sagesse des nations qui proclame la nécessité et les plaisirs du rire, comme il faut faire confiance à la sagesse du corps qui a, inscrits en lui, les mécanismes complexes du rire. La nature est toujours économe et l'on ne connaît pour ainsi dire aucun organe ni fonction inutiles dans l'espèce humaine. L'existence même du rire prouve qu'il est nécessaire.

Le sens de la fête, les fêtes elles-mêmes, qui tenaient une si grande place dans la vie des générations précédentes, qui rythmaient le déroulement du temps en offrant des moments privilégiés pour échapper à la grisaille et à la morosité quotidiennes, témoignent de l'importance du rire. Ce n'est pas un hasard si le sens de la fête se perd, si les grandes fêtes religieuses ou politiques sont plus des prétextes à consommation effrénée ou à discours apocalyptiques que des occasions de célébration joyeuse ou de plaisir sans arrière-pensées. Retrouver notre rire nous aidera à retrouver les vraies fêtes, mémoire collective indispensable à une vie sociale équilibrée et mémoire de l'individu dans le groupe.

IV.

PSYCHOLOGIE DU RIRE

Il existe de nombreuses théories philosophiques et psychologiques du rire et nous verrons que nombre d'hommes très graves se sont penchés sur la question en se demandant pourquoi les hommes rient et ce qui les pousse à rire. Le mystère reste cependant entier, dû à la contradiction interne qui est dans la nature même du rire. Le rire est un réflexe, la preuve de sa nature réflexe est apportée par le chatouillement physique qui le déclenche et cependant, en dehors de ce cas, c'est un réflexe dont l'excitant n'est plus physique mais psychique et intellectuel. C'est cet excitant psychique qui est si difficile à saisir, si complexe à définir, c'est sur la nature de ce véritable chatouillement psychique que se sont penchés bien des auteurs, sur les mécanismes de production du comique, sur le contraste entre l'univers intellectuel souvent si complexe du risible et sa prise de conscience qui a un caractère immédiat, brutal, parfois irrésistible et intempestif.

Avant même d'envisager le risible, le comique, l'humour, il faut insister sur les rapports étroits entre le rire et le jeu, le rire et le plaisir. La notion de plaisir dans le rire est souvent occultée par les études psychologiques dites sérieuses, mais elle est à mon sens fondamentale et doit être retenue à priori avant tout autre investigation plus intellectuelle.

Seul Eastman, psychologue américain de l'entre-deux-guerres, a insisté sur ce point, l'humeur de jeu, en introduction de son livre qu'il intitule d'ailleurs *Plaisir du rire*. « Les choses ne peuvent être comiques que si nous sommes dans un état particulier, l'humeur de jeu. Il peut y avoir une pensée ou un motif sérieux sous notre humour, nous pouvons être à demi sérieux et encore trouver une chose comique. Mais lorsque nous ne sommes pas du tout en humeur de jeu, lorsque nous sommes sérieux comme des papes, l'humour est chose morte. »

On peut tirer trois conséquences de cette loi :

— Lorsque l'on est en humeur de jeu, même des choses désagréables ont tendance à provoquer le rire !

— L'humeur de jeu est spécialement celle de l'enfance. Les enfants au jeu révèlent les formes les plus simples et les plus complètes du rire. Toute chose, fût-elle laide, dégoûtante, choquante, peut se présenter comme risible pour un enfant.

— Les adultes ont conservé, à des degrés variés, cette facilité d'être dans l'état d'esprit ludique et donc de jouir de choses désagréables avec l'émotion du comique. La plupart des adultes cependant ne peuvent ressentir cette émotion du comique, éclater de rire comme des enfants qui jouent que si ces choses

34

désagréables sont enrobées de suffisamment de choses agréables.

L'enfant, ou mieux le bébé, permet de comprendre la plus fameuse et la plus ancienne définition du comique, celle d'Aristote qui disait : « Est comique quelque laideur ou défaut qui n'est ni pénible ni destructif. » Si l'on rit devant un bébé, il rira aussi, si l'on fait suivre ce rire d'une horrible grimace, il rira à cette horrible grimace car il aura été mis en humeur de jeu. Mais si l'on fait brusquement une horrible grimace, sans rire préalable, le bébé hurlera de peur, il ne sera pas en humeur de jeu.

Une autre manière classique d'amuser un bébé fera comprendre une seconde définition du comique, celle de Kant, en apparence contradictoire, mais en fait complémentaire de celle d'Aristote : « Le comique naît d'une attente tendue qui aboutit brusquement à rien. » Si l'on propose à un bébé un objet dont il a envie, il tendra la main pour l'attraper, si l'on escamote l'objet, le bébé se tortillera de plaisir à cette fine plaisanterie ! Il découvrira que quelque chose qu'il allait attraper n'est pas là.

Ces deux définitions sont complémentaires en mettant en évidence des émotions plaisantes, accompagnées de rire, naissant dans l'humeur du jeu, au moment précis où l'on ressentirait quelque chose de déplaisant si l'on était sérieusement touché. Le rire naît d'une déception comique. L'humour, c'est le mécanisme de beaucoup de plaisanteries spirituelles : il présente un sens, puis l'escamote. Le rire naît à ce moment, attente du sens, rupture, escamotage, rire. Le rire est alors l'indemnisation de cette privation de sens, la conduite nécessaire pour conserver le plaisir, car nous ne sommes plus des enfants, nous avons, en principe, une considération adulte pour des valeurs « sérieuses ». Une plaisanterie escamote un sens attendu, le rire est une compensation de cette privation de « sérieux ».

Une plaisanterie de Groucho Marx servira d'exemple. Il raconte : « Quand je suis arrivé dans ce pays, je n'avais pas un sou en poche. Maintenant, j'ai un sou en poche. » L'escamotage du sens est ici évident. Après la première partie de la phrase on attend une suite « sérieuse » (si toutefois on peut attendre du sérieux de Groucho) du genre : Maintenant je suis millionnaire, l'Amérique est un grand pays, etc. Mais le tour de passe-passe fait naître le rire en escamotant la vantardise banale pour la remplacer par la « chute » humoristique.

Le rire est une conduite de conservation du plaisir face à des événements moyennement désagréables pour soi ou pour autrui, qui vont de la simple frustration du sens à un événement comique comme une chute par glissade sur une peau de banane.

La neurophysiologie nous démontre même que le rire est stimulation des centres de plaisir, c'est là sa fonction vitale, on rit pour se faire plaisir, on rit dans des situations agréables et l'on rit dans des situations adverses pour conserver malgré tout son plaisir.

J'insiste sur les notions de plaisir et d'humeur de jeu à la source du rire, car le rire naît d'un chatouillement psychique, comme d'un chatouillement physique, et il faut avoir le don d'être chatouilleux et l'humeur d'être chatouillé pour rire. Être chatouillé n'est comique que si l'on est en humeur de jeu, sinon c'est franchement désagréable. Être chatouillé par un inconnu est désagréable, être chatouillé, même par un ami quand on est de mauvaise humeur, irrite et met en colère. On ne peut pas, en somme, être chatouillé, ni physiquement ni mentalement, en période réfractaire. Je note d'ailleurs une analogie très significative avec l'acte sexuel où les caresses, attouchements, chatouillements peuvent être merveilleusement agréables avant le coït mais sont irritants, voire insupportables dans la période réfractaire qui suit l'orgasme.

Avant d'aborder les théories du rire, qui sont souvent lugubres, qui cherchent des excuses pour le rire, qui veulent le mettre hors de cause en l'associant à d'autres états affectifs, je souhaite affirmer que nous n'avons pas besoin d'excuses pour rire, que le rire comique est ludique, que le plaisir et le ludique sont inscrits dans notre cerveau au niveau du système limbique, que la physiologie nous démontre que non seulement le principe de plaisir est nécessaire à l'équilibre de l'organisme, mais que bien souvent nos actes et nos conduites visent à stimuler nos centres du plaisir.

Les philosophes et les psychologues ont dans l'ensemble soigneusement distingué deux formes de rire : un rire qui serait simple manifestation de joie et qu'ils ont tendance à négliger, et le rire provoqué par le plaisant et le comique qui est surtout celui qui a été étudié. Cette approche des mécanismes du comique par les différents penseurs est souvent entachée d'une vision morale négative, la joie est négligée, oubliée, et l'on retient surtout les aspects grimaçants, sardoniques, ironiques, régressifs du rire. Le rire est vu comme une affection, une défaillance de l'esprit, un problème mineur et irritant, peu compatible avec le sérieux de la réflexion, et qui met souvent en avant ce qu'il y a de plus « bas » chez l'homme.

D'autres écoles ont étudié le rire d'un point de vue zoologique (chez les animaux), anthropologique (dans les peuplades dites primitives), sociologique (dans les groupes humains), génétique (chez l'enfant).

La psychanalyse n'a pas manqué de se pencher sur ce problème et nous verrons toute l'ambivalence de la position de Freud à ce sujet. Enfin, j'examinerai la variété des différentes expériences de l'humour et du comique, les différents types de plaisanteries, les thèmes prévalents de l'humour et du rire.

Pour les philosophes, le rire du comique naîtrait d'une dégradation, d'une infirmité quelconque, d'une petitesse que l'esprit perçoit dans les personnes ou dans les choses. Nous rions de la fausse note d'une chanteuse, de la maladresse d'un serveur, de la chute d'un personnage pompeux. Le rire du comique, le risible naîtraient aussi du contraste et du désaccord entre ce que nous attendons et ce qui se produit réellement, ce qui est le cas dans la parodie, dans les spectacles de clowns, etc.

A côté de ces analyses classiques, Descartes a reconnu que le rire est un phénomène dépendant du corps. Le rire est déterminé par l'émotion, par un étonnement ou un choc, il est « surprise de l'admiration ». Mais cette admiration consiste en un jugement trop rapide, le rire survient quand le jugement n'intervient pas ; la raison, le jugement peuvent donc intervenir et provoquer l'inhibition du rire par leur emprise purement intellectuelle. Le rire est donc une erreur, un défaut de jugement. « Il vaut mieux être moins gai et avoir plus de connaissances... Les grandes joies sont ordinairement mornes et sévères. »

Spinoza distingue le rire et la plaisanterie qui sont pures joies, de la raillerie qui est mauvaise. Nous avons vu la thèse de Kant qui met l'accent sur les opérations intellectuelles du rire.

Bergson, dans *Le Rire*, ouvrage qui a connu une énorme diffusion, se défend de donner une définition du comique, ce qui est louable, pour examiner les mécanismes du comique. Il déclare que depuis Aristote toutes les définitions sont trop larges et ne permettent pas de « fabriquer » du comique. Bergson recherche les procédés de fabrication du comique et tente de dégager des lois générales. Il définit un thème : « du mécanique plaqué sur du vivant » et des variations sur ce thème. Le rire se produirait chaque fois qu'un individu a une réaction automatique à la place de la réaction intelligente et adaptée qui serait nécessaire. Le rire est une réaction au spectacle de l'inadaptation vitale, de la sottise, de la maladresse et de l'immoralité. Le comique s'adresse à l'intelligence pure. Parmi les variations sur ce thème de la réaction automatique, Bergson étudie le comique des formes et des mouvements, le comique de situation, le comique des mots et des caractères et applique sa définition à des cas extrêmement nombreux. En dépit de sa notoriété, la théorie bergsonienne semble bien insuffisante et on voit mal en particulier pourquoi le rire est une détente explosive joyeuse.

Pour de nombreux philosophes et psychologues, la faculté de rire a été rattachée à divers aspects de la personnalité, le rire serait satisfaction du désir de supériorité, de vanité ou encore serait lié à l'agressivité : « rire en montrant les dents ». Le goût de l'incongruité, du contraste entre les idées, du jeu gratuit de l'intellect est également mentionné, l'humeur de dérision est associée aux sentiments égocentriques.

Dans un ouvrage récent, le sociologue Jean Fourastié, soucieux d'écrire une suite au livre de Bergson, propose une définition du rire qu'il considère exhaustive : « Le rire naît d'une rupture de déterminisme » et explique que, plutôt que « du mécanique plaqué sur du vivant », existerait dans le rire « du vivant mal adapté se substituant au mécanique ». Je ne sais si cette nouvelle définition aura le même écho que celle de Bergson.

En dépit des opinions populaires sur les valeurs positives du rire, nous constatons que les jugements moraux portés sur le rire et la joie ont souvent été négatifs. Il faut se rappeler que c'est depuis moins de deux cents ans qu'il est socialement acceptable de rire en public. En Occident, le rire a été longtemps considéré comme impoli au mieux, satanique au pire. La pensée médiévale localisait l'amour, sentiment élevé, dans un organe noble, le cœur, alors que le rire, conduite basse, était relégué dans la rate, organe perdu au fond du ventre.

Dans *L'Apologie de la vraie Divinité chrétienne* (1676), Robert Barclay écrit : « Il n'est pas permis aux chrétiens de pratiquer les jeux, les comédies, les sports de récréation, ils ne conviennent pas au silence, à la sobriété et à la gravité catholiques. Le rire, le sport, la chasse ne sont pas des activités chrétiennes. » Les premiers immigrants américains, protestants austères, dédaignaient le rire et ne l'autorisaient que s'il servait à illustrer une leçon de morale. L'Angleterre victorienne également interdisait le rire dans les salons. On alla même jusqu'à prétendre que le rire n'est pas naturel chez les enfants et que, si on ne les chatouillait pas, ils ne riraient jamais.

Ces opinions négatives sur le rire renvoient à la doctrine de Baudelaire dans *De l'essence du rire*. C'est une théorie religieuse, le rire a ses origines dans notre premier péché, c'est une forme d'orgueil avec un sentiment cruel de supériorité et la joie de blesser autrui. L'essentiel du rire est dans le sarcasme, découper et mordre la chair, le rire mord à pleines dents et emporte le morceau. Baudelaire écrit que le juste, le sage ne rient jamais, les anges ne rient pas et le Christ n'a jamais ri, le rire est diabolique, le rire est satanique.

De telles opinions négatives trouveront des échos au XXe siècle. L'œuvre de Freud est suffisamment riche et ambiguë pour nécessiter un développement particulier, mais l'on retrouve dans des ouvrages relativement récents, comme celui de N'Guyen, *Rire et Dérision*, l'accent mis sur le caractère méprisant du rire. Comme beaucoup d'auteurs, celui-ci insiste sur le fait que la dérision est comme le ver dans le fruit, la dérision serait l'essence secrète, essentielle du rire qui traduirait un état hostile et supérieur à l'égard de ce dont on rit.

Il apparaît donc que le plaisir du rire est rarement pris en compte par les penseurs et philosophes. Fort heureusement, d'autres disciplines plus spécialisées ne craignent pas d'aborder le rire d'une manière plus ludique.

Les zoologues ont étudié le rire, ou ce qui lui ressemble chez les animaux. Darwin consacre plusieurs pages au rire. En théoricien de l'évolution, il retrouve la mimique du rire propre à l'homme chez les grands singes (chimpanzés, orangs-outangs). Le chatouillement déclencherait même une « grimace riante » pour exprimer le plaisir éprouvé par l'animal. Curieusement, il place la différence fondamentale entre le rire animal et le rire de l'homme dans l'effusion de larmes qui se produit spécifiquement dans l'espèce humaine après un fou rire et qui n'existerait pas chez les singes. Toute la création rit, mais seul l'homme rit aux larmes. Le rire serait pour Darwin un phénomène inné et fondamental. D'autres auteurs, comme Darwin, identifient le rire de façon purement anthropomorphique et notent des émotions joyeuses chez les primates, le rire et le sourire chez les singes supérieurs.

Les ethnologues ont étudié le rire chez les peuples dits primitifs et ont insisté sur l'évidente gaieté qui existe chez les Noirs du Soudan. Les enfants sont joyeux, leurs yeux rient avant même qu'on leur adresse la parole. Les adultes sont gais et plaisantent volontiers. Mme Dieterlen attribue cette sereine gaieté spontanée à l'absence d'angoisse métaphysique qui naît du contact permanent avec la nature mère. On décrit également chez les Dogons par exemple, des séances voulues, organisées socialement, de rire. La plaisanterie et les rires provoquent la participation, on parle d' « alliance cathartique ».

Il y a un échange de force vitale entre celui qui fait une plaisanterie et celui qui en est l'objet.

Chez les Indiens d'Amazonie, B. Flornoy constate également une grande gaieté. En période de vie normale, ils rient, plaisantent, sont sensibles à l'humour. Tous les domaines de la vie quotidienne peuvent être sujets à rire et il est permis aux enfants de se moquer de leurs parents. Les caricatures, les imitations d'animaux, le récit des malheurs conjugaux, les plaisanteries de caractère sexuel, certains phénomènes magiques et religieux sont l'occasion de grands rires dans les tribus indiennes d'Amazonie. Il s'agit là d'un phénomène individuel, sans rituel religieux, comme c'est au contraire le cas en Afrique. On note, en outre, que le rire est propre au groupe, au clan, et que ceux qui n'appartiennent pas à la communauté concernée en sont exclus.

Chez les Indiens d'Amérique du Nord existaient des clowns guérisseurs dont la fonction était d'éveiller l'hilarité jusqu'à ce que les mauvais esprits responsables des maladies s'enfuient.

Les sociologues ont étudié le rire dans ses aspects sociaux et relationnels. Bergson, un des premiers, a attiré l'attention sur le caractère social du rire. Pour lui, le rire qui s'adresse à l'intelligence pure doit rester en contact avec d'autres intelligences. Le rire a besoin d'un écho et l'on ne goûterait pas le comique si l'on se sentait isolé. Le rire est toujours le rire d'un groupe et celui qui passe à l'extérieur d'un groupe de rieurs n'a pas envie de rire. Il rirait sans doute de bon cœur s'il était invité à participer au groupe, mais, ne l'étant pas, il ne peut que s'éloigner.

Le rire contient une notion d'entente, de complicité avec d'autres rieurs réels ou imaginaires. Le milieu naturel du rire est la société, sa fonction est une fonction sociale, sa signification est sociale avant d'être une relation abstraite aperçue par l'esprit entre des idées.

Le rire est contagieux, le rire du spectateur au théâtre est d'autant large que la salle est plus pleine. Toutes ces thèses de Bergson indiquent certaines des directions suivies par l'étude sociologique du rire. D'autres types de recherches sont possibles : savoir dans quelle mesure le groupe social éduque et discipline le rire, dans quelle mesure le groupe social prescrit ou proscrit le rire, dans telle ou telle circonstance de la vie en commun, dans quelle mesure le groupe social règle l'intensité et la durée des rires, étudier la place du rire dans la symbolique religieuse, dans les civilisations anciennes, les significations du rire dans les sociétés modernes (bienvenue, mépris, acquiescement, réserve, complicité, etc.).

L'influence sociale du rire peut aussi être définie : rire spontané, éphémère et capricieux qui selon Victoroff serait sans influence sociale, ou au contraire « stéréotypes risibles » qui s'agglutinent à des réalités sociales.

Victoroff rapporte par exemple des expériences détaillées permettant de mesurer comment le groupe éduque le rire et modifie nos appréciations du comique. On peut aussi classer l'appréciation du type de comique en fonction de l'appartenance sociale.

Les militaires préfèrent le comique licencieux, les instituteurs le détestent mais favorisent le comique loufoque ; quant aux étudiants, ils semblent préférer la parodie au comique troupier. Ou encore, les femmes sont plus sensibles à la contagion du rire que les hommes. Ces études ont pour seul mérite d'être expérimentales, mais elles apportent des résultats attendus que l'analyse et l'imagination permettaient de prévoir. Elles ont cependant pour originalité de sortir de la spéculation philosophique pour entrer dans le champ du réel expérimental.

Le rire met en relation les rieurs entre eux ; pour les nourrissons et les enfants, c'est le premier phénomène social : dès que l'enfant se socialise, il répond au sourire de sa mère et aux rires de l'entourage. Il sourit avant de rire et, quand il rit aux éclats, chacun salue ce progrès sensible de son développement. L'enfant entre en communication, prend contact avec nous par le rire, il entre dans la société humaine par contagion, on le socialise en le faisant rire. C'est le premier lien qui s'établit. Il est courant d'observer qu'un être normal rit très rarement seul, la lecture même d'un livre très drôle déclenche exceptionnellement un rire solitaire et d'ailleurs on se pose des questions sur les gens qui rient seuls.

Le rire crée un lien social mais aussi marque la chute d'une barrière. En dépit de la signification agressive que l'on prête au rire, il est très difficile à ceux qui ont ri ensemble de rester agressifs, le rire désarme, le rire fait fondre la glace, dissout le formalisme, affranchit des conventions, crée une complicité, une connivence.

Le rire non seulement suppose une communauté culturelle, mais il la crée. Bergson estimait que le rire a besoin d'un écho, cet écho est plus qu'une simple circonstance favorisante ; le rire recherche, éveille l'écho et met fin à la solitude de l'homme.

La psychologie génétique étudie le développement et la signification du rire chez l'enfant. Les premiers sourires sont des expressions essentielles dont l'origine et la signification sont contestées. Il est en effet fort malaisé de distinguer le passage du sourire physique au sourire psychique. Le sourire physique s'observe dès les premières tétées, c'est l'expression de dilatation heureuse et euphorisante liée au repas. On obtient également un sourire réflexe chez le nouveau-né en touchant la lèvre inférieure ou les joues. Les débuts du sourire significatif de l'affectivité naissante, en réponse au sourire ou au rire de la mère, sont plus difficiles à fixer et il est surtout impossible de démêler le psychique affectif de la construction mentale d'objets reconnaissables liés à la maturation neurologique. Piaget a montré l'extrême complexité et progressivité de cette élaboration. Les variations d'un bébé à l'autre sont très grandes et on ne peut fixer que des moyennes et des ordres de grandeur. De cinq à six semaines, premiers sourires de réponse aux sourires maternels ; aux environs de quatre mois, apparition du rire aux éclats. Entre six et huit mois, mais parfois plus tôt, le nourrisson reconnaît l'adulte qui entre dans sa chambre et devient sensible au chatouillement.

Vers huit ou neuf mois, le bébé est capable de sourires discriminatifs réservés à un individu plutôt qu'à un autre. De dix-huit mois à quatre ans, la moyenne par enfant irait de un sourire toutes les six minutes à un sourire par minute. Tous ces chiffres sont extrêmement variables selon les enfants, les civilisations, les climats. En outre, il existe des bébés constamment hilares et d'autres semblables à des bouddhas, placides et difficiles à dérider.

L'observation des bébés permet surtout d'éliminer toutes les théories selon lesquelles le comique naîtrait d'un sentiment de supériorité, selon lesquelles il y aurait de l'hostilité dans tout rire. Piaget explique : « le contenu entier de la conscience de l'enfant est projeté dans la réalité, ce qui résulte en une complète absence de la conscience de soi ». L'ego de l'enfant est confondu avec celui de l'univers, s'il rit il considère que tout le monde rit, s'il souffre il considère cette douleur commune à tous. Cet état d'égocentrisme des bébés est tellement étranger à tout ce qui peut être dérision, ridicule ou supériorité sur les autres que leur rire ne peut être qu'un rire d'humeur ludique.

Les bébés ne rient pas *des* situations drôles, mais rient *dans* des situations drôles.

La thèse de Freud selon laquelle le plaisir comique serait dû à une « économie de dépense psychique » dérive des théories de Spencer, fondées sur l'idée que le rire ne se produit que lorsque notre énergie nerveuse est prête à accueillir quelque chose d'important et que survient seulement quelque chose de trivial.

Pour les psychanalystes, le rire est un défoulement, on laisse passer quelque chose que l'on refoulait. Bien entendu, selon eux les deux choses qu'on refoule le plus sont l'agressivité et la sexualité. Le rire sert d'exutoire inconscient aux impulsions agressives et sexuelles. L'humour, les jeux de mots sont examinés pour trouver le motif sous-jacent qui va corroborer ces thèses. Cependant, si Freud ne semble pas soupçonner que le rire puisse avoir des effets thérapeutiques, si l'étude des mots d'esprit n'est qu'un moyen, parmi d'autres, d'analyser les patients névrosés, il reconnaît tout de même que le rire peut être sain, sans pathologie sous-jacente. Dans l'appendice daté de 1928 au *Mot d'esprit et ses rapports avec l'inconscient* (1905), il écrit : « L'humour ne se résigne pas, il défie, il implique non seulement le triomphe du Moi, mais encore du principe de plaisir qui trouve aussi moyen de s'affirmer en dépit de réalités extérieures défavorables. » Triomphe du Moi et affirmation du principe de plaisir iraient dans le sens d'une approche positive du rire et de l'humour, mais, conformément à la théorie psychanalytique, Freud y voit une fuite devant la réalité, un processus régressif.

Il n'est pas possible de dresser un inventaire exhaustif rendant compte de l'infinie variété des expériences comiques ; chaque jour de nouvelles trouvailles viennent enrichir le catalogue des histoires drôles, des effets humoristiques et des situations comiques.

Il est cependant utile de recenser un certain nombre de procédés usuels du comique, un certain nombre de thèmes fréquents sur scène et à l'écran. Classiquement, Bergson distingue un comique des formes et un comique des mouvements, un comique de situation et un comique de mots, enfin un comique de caractère. Il s'agit à mon sens de distinctions très intellectuelles qui supposent que la naissance du rire dans le groupe ait lieu lorsque les rieurs, faisant taire leur sensibilité, exercent leur intelligence sur un effet particulier. Leur attention sera dirigée sur un point précis comme la maladresse, la distraction, l'apparence physique, etc. Il me paraît plus opératoire d'envisager les techniques du comique et de l'humour d'un point de vue pratique, en partant des mots utilisés pour caractériser les choses risibles. *Drôle* décrit quelque chose qui a l'air comique ; *spirituel* décrit quelque chose qui se passe dans l'esprit et qui fait rire. L'un est simple perception, l'autre est processus mental. Un clown portant un costume bizarre est une perception drôle, un clown faisant un acte inattendu, ou ne faisant pas un acte attendu, déclenche le processus mental comique, spirituel.

En réalité, comme c'est le cas chez un clown, nous attendons souvent de trouver ensemble ces deux facettes, le drôle perceptif et le spirituel lié à l'action mentale ; le tout devant être reçu en humeur de jeu, nous ne remarquons presque jamais la différence.

Le rire devant des situations comiques peut être interprété comme un correctif à trop de sympathie et justifier par là que l'on puisse utiliser les appellations telles que bizarre, étrange, incongru, dégradé, qui lui sont appliquées. Le rire né au cours d'un processus de pensée ou d'action, d'apparition soudaine, explique les qualificatifs : soulagement, déception, économie de dépense psychique que l'on utilise aussi. Le rire est tout cela car il englobe les deux processus.

Parmi les procédés usuels du comique, on trouve toutes les façons de s'amuser avec le langage, les jeux de mots atroces, les jeux de mots spirituels, les jeux de mots pratiques, le comique des mots déformés, des contrepèteries et de la grammaire incertaine. On peut aussi rire de ce qui est trop ou de ce qui est trop peu, rire de l'exagération, employer l'exagération comme une arme, manipuler l'ironie, le sarcasme et la dérision.

De toute manière l'abord psychologique du rire et du comique paraît bien insuffisant pour rendre compte des interactions entre le risible et le rire ; le rire est à la fois beaucoup plus large que le comique et, inversement, le rire n'est pas nécessairement lié au sentiment du comique : un pince-sans-rire est comique sans rire.

Surtout, le rire est un phénomène global. Le contenu idéo-affectif du rieur ne peut être détaché de l'aspect physiologique, de la contraction de certains muscles, de l'action de la respiration et du fonctionnement des centres nerveux.

V.

LES MÉDECINS ET LE RIRE

L'idée que le rire puisse avoir des vertus thérapeutiques a une longue histoire médicale. Plus précisément l'influence du moral sur le développement et le traitement des maladies est connue des médecins depuis la plus haute Antiquité. A la différence des psychologues, penseurs et philosophes, les médecins, hommes du corps, ont presque toujours abordé le problème du rire d'une façon pragmatique, sans trop s'encombrer de considérations éthiques.

L'homme est un être organisé, vivant et intelligent ; le corps est le moyen de manifestation de l'intelligence dans le monde sensible. L'un ne peut agir sans l'autre, la dépendance du physique est subordonnée, la plupart du temps, au moral ; c'est par la prépondérance momentanée du moral sur le physique que se développent un grand nombre de maladies. Il y a dans l'homme des dispositions de bien-être ou de mal-être, que chacun éprouve journellement, presque toujours sans pouvoir en assigner la source, mais qui dépendent de dérangements plus ou moins grands dans les viscères et le système nerveux. Suivant l'état d'esprit, suivant la différente nature des idées et du psychisme, l'action des organes peut tour à tour être excitée, suspendue ou totalement inversée. La crainte abat et peut anéantir les forces musculaires et motrices, la joie, l'espérance, les sentiments courageux en décuplent les effets. Rien n'était donc plus utile, pour les médecins, que de rechercher les rapports entre les facultés physiques de l'homme et ses facultés que l'on appelait morales et que l'on nomme maintenant psychiques.

Les anciens : Hippocrate, dans la *Doctrine des éléments,* Galien, dans sa classification des tempéraments, remarquèrent déjà la correspondance de certains états physiques avec certaines tournures d'idées et certains penchants du caractère. Les hommes ne se ressemblent pas par la manière de ressentir ; l'âge, le sexe, le tempérament, les maladies mettent entre eux de notables différences ; chez le même homme, les diverses impressions ont, suivant leur nature et beaucoup d'autres circonstances accessoires, un degré très inégal de force et de vivacité. Une personne peut être happée, saisie, maîtrisée par des impressions que l'autre remarquera à peine ou ne sentira même pas. De plus, la manière de ressentir est puissamment modifiée par le climat, le régime, la nature des occupations.

La Bible, qui est aussi le premier livre de médecine de l'humanité, notait déjà : « Un cœur joyeux guérit comme une médecine mais un esprit chagrin dessèche les os » (Proverbes XVII, 22), ou encore « Un cœur joyeux est vie pour la chair » (Proverbes XIV, 30).

« L'allégresse de l'homme prolonge ses jours » (Ecclésiastique XXX, 22). Les médecins ont certes beaucoup parlé des rapports entre l'humeur et la santé mais également plus spécifiquement du rire. Depuis Aristote, on retrouve éparpillées dans la littérature médicale des références explicites au rire. Les médecins de l'Antiquité recommandaient le rire comme un moyen de fortifier les poumons et de renforcer l'organisme dans son ensemble.

Un chirurgien connu du XIIIᵉ siècle, Henri de Mondeville, propose le rire pour aider au rétablissement des opérés ; il note que les émotions négatives peuvent interférer sur la guérison : « Le chirurgien interdira la colère, la haine et la tristesse à son patient, et lui rappellera que le corps se fortifie par la joie et s'affaiblit par la tristesse. » Richard Mulcaster, médecin anglais du XVIᵉ siècle, avance que le rire est un exercice physique et, en tant que tel, un exercice sain. Il soutient que le rire « aide ceux qui sont mélancoliques et ont la poitrine et les mains froides, car le rire déplace beaucoup d'air dans la poitrine et produit une chaleur qui fouette le sang ». Un autre médecin du XVIᵉ siècle, Laurent Joubert, explique que la joie provoque des mouvements d'expansion du cœur puis du diaphragme qui conduisent à une respiration ample. Les conséquences en sont manifestement favorables, le front s'élargit, les yeux brillent, les joues se colorent... Joubert reprend l'opinion d'Aristote en soutenant que le rire est causé par un défaut ou une malformation qui n'est ni pénible ni dangereuse. Toujours à la même époque, Frederic Hoffmann, Junker, Sue remarquent que les commotions de l'âme engendrent plusieurs maladies

53

et en dissipent d'autres. Brambilla affirme que les émotions aggravent le mauvais état des plaies tandis que le rire et l'espérance facilitent leur cicatrisation. Boyer recommande aux blessés d'éviter la tristesse et de rechercher les passions gaies.

Novalis, le grand romantique allemand de la fin du XVIIIe siècle n'était pas médecin mais passionné des sciences au stade le plus récent de leur progrès ; son encyclopédie, inachevée, touche à la médecine et a l'immense intérêt de considérer la nature entière comme une unité virtuelle. Il précise : « le rire est une crampe ». « La cause du rire ne saurait donc surgir que par contraste d'une brusque décharge de l'attention tendue — analogie avec l'étincelle électrique » ; « Rire, cure de l'hypocondrie », « la seule opération qui fasse vraiment rire est la brusque détente de l'attention », « cure des douleurs par le chatouillement ».

Au XIXe siècle, Gottlieb Hupland, un médecin allemand, professe que le rire est une des plus importantes aides à la digestion que nous connaissions et rappelle la coutume médiévale des bouffons, chargés de divertir les convives d'un repas, qu'il estime fondée sur d'excellents principes médicaux. En 1860, Herbert Spencer annonce les conceptions modernes en écrivant que le rire est une façon de libérer les tensions excessives et, donc, un mécanisme important de soulagement.

Au début du XXe siècle, James Sully classe le rire parmi les « exercices corporels », il produit un accroissement important de l'activité vitale en excitant la stimulation nerveuse. McDougall trouve deux intérêts au rire : il déconcentre et détourne l'attention, et il détermine une activation de la circulation et de la respiration entraînant une impression plaisante de bien-être.

1928 est la date de publication du livre enthousiaste d'un médecin américain, James Walsh, qui pose une équation mathématique : « La santé d'un individu est proportionnelle à la quantité de son rire. »

En 1976, un journaliste américain, Norman Cousins, rapporte dans une revue médicale renommée comment il a guéri grâce au rire associé à la vitamine C d'une spondylarthrite ankylosante (très grave maladie inflammatoire des articulations et de la colonne vertébrale). Cette communication a un immense retentissement et relance les travaux et les recherches consacrés au rire en médecine.

En septembre 1982, un symposium international se réunit à Washington sous la présidence des docteurs Fry (université de Standford) et Goldstein (université de Temple) pour faire le point sur les acquisitions scientifiques concernant les vertus thérapeutiques du rire et définir des orientations pour les futures recherches.

Parallèlement à ce que l'on peut considérer comme un état d'esprit proprement médical, une attitude dictée par la pratique face aux problèmes de la santé et de la maladie, de nombreuses découvertes scientifiques, physiologiques et biologiques sont venues étayer puis confirmer ce qui était impressions diffuses ou hypothèses séduisantes. Il est utile de rappeler les principales étapes de ces recherches et découvertes pour comprendre les lois de l'articulation entre le physique et le psychique.

Les conceptions anciennes fondaient la vie sur le

souffle, *pneuma* chez les Grecs, *anima* chez les Latins. Ces conceptions ont conduit au XVIIIe siècle à la découverte par Lavoisier des mécanismes de la physiologie respiratoire. Lavoisier démontre expérimentalement que la vie ne peut exister sans respiration. La respiration consiste en une absorption d'oxygène et un rejet de gaz carbonique. La notion de l'importance de l'oxygénation tissulaire dans les processus vitaux s'imposera de plus en plus et l'importance d'une meilleure oxygénation des centres nerveux est maintenant bien admise.

Au XIXe siècle, Claude Bernard établit le concept d'homéostasie, c'est-à-dire d'équilibre entre les différentes fonctions de l'organisme au moyen d'une régulation interne faisant intervenir les hormones et les mécanismes d'absorption et d'excrétion. Le maintien de cette homéostasie est reconnue indispensable à la vie. Les troubles de l'homéostasie provoquent les maladies, le retour à l'homéostasie est nécessaire à la santé. L'organisme fonctionne comme un tout pour maintenir cet équilibre à chaque moment menacé par des facteurs de déstabilisation internes ou externes. La rupture d'équilibre rend malade mais également la maladie tend à rompre l'équilibre de l'organisme.

La description anatomique puis la mise en évidence du rôle physiologique du système sympathique (il en existe en fait deux : orthosympathique accélérateur et parasympathique freinateur) permettent de comprendre de nombreux mécanismes du maintien de l'homéostasie. Il s'agit d'un système nerveux autonome, c'est-à-dire qui n'est pas sous le contrôle de la volonté, qui règle automatiquement le rythme cardiaque, la respiration, les mouvements intestinaux, la température du corps, etc. Le système sympathique qui est un système nerveux, fait de voies (nerfs) et de centres (base du cerveau et ganglions), agit par l'intermédiaire de messagers chimiques : ce sont les hormones et les neurotransmetteurs. On peut dire que pour laisser le cortex supérieur disponible pour les tâches « nobles » de la pensée et de la réflexion, le système sympathique assure l'intendance et expédie les affaires courantes. C'est une sorte de Premier ministre qui n'en référerait jamais à un président de la République, dont il jouirait de la confiance absolue ! Nous verrons plus loin que ce système n'est pas sans aléas. Mais nous verrons aussi que parmi toutes les fonctions végétatives (c'est-à-dire régies automatiquement par le système sympathique) la respiration est la seule sur laquelle la volonté puisse agir de façon étendue et souple. Cette action directe sur le système sympathique réagira à son tour sur les autres fonctions végétatives (cœur, tension artérielle, digestion, etc.) Le rire qui est pour l'essentiel une fonction respiratoire trouve là un de ses points d'impact sur la physiologie de l'organisme.

Dans les années trente de ce siècle, les découvertes scientifiques se précipitent avec la mise en évidence des centres émotionnels de la base du cerveau et l'élaboration de la notion de stress.

Deux Américains, Cannon et son élève Bard, ont découvert les centres émotionnels de la base du cerveau et leurs liens étroits avec le système nerveux autonome. De très nombreuses expériences sur l'animal et des interventions neuro-chirurgicales sur l'homme ont démontré que les structures nerveuses de la base du cerveau (paléocortex), système limbique, hypothalamus, hippocampe, amygdale constituent le centre régulateur des émotions. La stimulation de ces différentes structures provoque les manifestations les plus variées : joie, rire, colère, faim, érection génitale ou impuissance. Ces émotions s'accompagnent bien entendu de phénomènes purement organiques, ralentissement ou accélération du pouls, élévation ou baisse de la tension artérielle, modification des pupilles, modification du péristaltisme intestinal, du taux de sucre sanguin et de la quantité d'adrénaline circulante.

Bientôt, à partir de 1953, s'élabore la cartographie précise de cette production des émotions et de la régulation du système sympathique. La stimulation de l'aire dorsale de l'hypothalamus provoque une sensation de plaisir intense, celle de l'aire dorsomédiane, des comportements agressifs, la stimulation du septum égaie les dépressifs, etc. Les réponses sont conditionnées par les neurotransmetteurs : les sensations de plaisir sont liées à la libération de noradrénaline ; production supplémentaire d'acétyl-choline lors de la douleur. Les états d'humeur sont commandés par la sérotonine, si son taux baisse, c'est la dépression.

L'élaboration de la notion de stress, à partir de 1930, par Selye a été une contribution majeure à la découverte du mode de production de certains états physiologiques et pathologiques : le système nerveux autonome, véritable Maître Jacques de l'équilibre et de la régulation de l'organisme, joue en outre un rôle de protection et de défense. L'organisme lutte contre les agressions du milieu extérieur en mobilisant les hormones de l'hypophyse et des glandes surrénales. Mais si cette première réaction est salutaire et normale, il arrive bien souvent, comme l'a démontré Selye, que la réaction soit excessive, le système nerveux autonome « fait du zèle », et la production en excès d'adrénaline épuise les réserves de l'organisme d'où résultent fatigue, hypertension artérielle, infarctus du myocarde, ulcères d'estomac. De la réponse normale adaptative de l'organisme à une agression (stress) physique ou psychologique, on passe à des réponses excessives, liées à la répétition des agressions qui provoquent l'épuisement. Nous savons que la mise en évidence des effets pathologiques du stress a conduit à de nombreuses techniques antistress parmi lesquelles le rire occupe une place de choix.

L'étape la plus récente, encore en pleine évolution, de la découverte des mécanismes physiologiques des émotions est celle de l'isolement des endorphines et enképhalines : il s'agit de neurotransmetteurs faits de courtes chaînes d'acides aminés que l'on trouve surtout dans le système limbique et qui combattent la douleur. Leur nom, endorphine (morphine interne), indique bien qu'il s'agit d'une sorte d'opium naturel fabriqué par le système nerveux et qui diminue la réceptivité de l'organisme à la douleur. Il est démontré que le rire stimule la production de ces endorphines et donc diminue l'intensité des phénomènes douloureux, d'où son intérêt thérapeutique.

VI.

NEUROPHYSIOLOGIE DU RIRE
Que se passe-t-il quand nous rions?

Décrire ce qui se passe quand on rit, c'est d'abord revenir aux définitions du rire. La plupart des définitions s'accordent pour considérer que le rire est une réponse physique involontaire à une émotion plaisante. Cette réponse physique consiste en une série de petites expirations saccadées qui dépendent des contractions également involontaires des muscles de la face. Ces contractions musculaires sont toujours accompagnées par une vocalisation, provoquée par de violents mouvements d'aspiration et d'expiration diaphragmatiques. Il se produit en même temps un relâchement plus ou moins important des autres territoires musculaires. Certaines causes physiques peuvent déterminer le rire en provoquant, par une action réflexe, les contractions du diaphragme, mais le rire est presque toujours provoqué par des causes psychologiques.

Tous les termes de cette définition sont importants

61

à considérer car autour d'eux s'ordonne l'étude de la neurophysiologie du rire :

— *réponse :* rire est un réflexe, on ne rit qu'après une stimulation psychique ou physique ;

— *physique :* rire participe du corps, de la respiration, des muscles ;

— *involontaire :* ce mécanisme du rire est incontrôlable, il est situé dans le cerveau profond et, une fois le rire déclenché, le cortex conscient est déconnecté ;

— *émotion :* le rire est une émotion, soumise au mécanisme général des émotions où interviennent le diencéphale et le système nerveux sympathique ;

— *plaisante :* la notion de plaisir est capitale et rend compte des valeurs positives attachées au rire.

Comme toute définition, celle-ci demande à être nuancée, pour ce qui est du caractère involontaire du rire, car on peut se forcer à rire et par ailleurs le sourire, qui est lui volontaire, déclenche souvent le rire. De même, les mécanismes de l'émotion sont un principe autonome mais il existe une régulation des émotions par le cerveau conscient. Quant au terme plaisant, cela veut dire qui fait plaisir, mais qui fait plaisir à un individu donné, et cela n'est pas forcément drôle et déborde largement le cadre du comique.

Les causes psychologiques du rire, ce qui fait rire, ont déjà été abordées. Les causes physiques de déclenchement du rire (chatouillement, gaz hilarant) seront envisagées plus loin et il sera surtout question ici des différentes structures et des différents appareils de l'organisme qui entrent en jeu lors du rire.

Il existe essentiellement trois axes principaux

autour desquels s'organisent les manifestations physiques du rire.

Deux de ces axes sont relativement simples à décrire : il s'agit de l'axe musculaire et de l'axe respiratoire. Il existe d'ailleurs une certaine imbrication entre ces deux axes car la respiration est partiellement un phénomène musculaire.

Le troisième axe est beaucoup plus complexe. C'est un axe de commande neuro-hormonal qui fait intervenir le cerveau conscient (cortex cérébral), les centres neurologiques des émotions (système limbique), les médiateurs chimiques du système nerveux, la motricité réflexe, mais aussi le système nerveux autonome sympathique et parasympathique (qui n'est pas sous le contrôle de la volonté).

L'axe musculaire : le rire met en jeu un grand nombre de muscles depuis les petits muscles du visage, les muscles du larynx, les muscles respiratoires et le diaphragme jusqu'à la musculature abdominale et celle des membres. Il s'agit d'une véritable onde qui se transmet de proche en proche en augmentant d'intensité jusqu'à intéresser l'ensemble de la musculature striée (volontaire), mais aussi la musculature lisse (involontaire) de l'organisme.

Les muscles du visage sont de petits muscles qui sont responsables de l'expression. Ils sont soit plats, soit circulaires, et sont symétriques de part et d'autre de la ligne médiane.

Ces muscles plats (frontal, temporal, petit et grand zygomatique) par leur contraction attirent les coins de la bouche et des paupières vers le haut, créant l'expression rieuse. Je note d'ailleurs que zygomati-

63

que est à l'origine de « zigomar », personne drôle, comique, amusante, farfelue. Le zigomar fait grand usage de ses muscles zygomatiques, sa bouche s'ouvre largement, il se « fend la pipe » ou la «pêche » ou la « poire » ; toutes ces expressions qui fleurent bon le terroir attestent de l'enracinement du rire dans la culture populaire.

En même temps, les masséters, qui sont les muscles puissants de la mastication, se relâchent, les mâchoires s'écartent. On sait combien la crispation des masséters peut être gênante chez les sujets anxieux, allant jusqu'au grincement de dents permanent (bruxisme) et à l'usure de l'émail dentaire.

Les muscles circulaires, orbiculaires des lèvres et des paupières interviennent également en se relâchant, pour ceux de la bouche, et en se contractant, pour ceux des yeux.

Lavater, célèbre physiognomoniste du XVIIIe siècle décrit ainsi le rire : « Ce mouvement s'exprime par les sourcils élevés vers le milieu de l'œil, et abaissés du côté du nez, les yeux presque fermés, la bouche paraîtra entrouverte, et fera voir les dents, les coins seront retirés en arrière et s'élèveront en haut, ce qui fera faire un pli aux joues qui paraîtront enflées et sembleront surmonter les yeux ; le visage sera rouge, les narines ouvertes, et les yeux peuvent paraître mouillés, ou jeter quelques larmes qui, étant bien différentes de celles de la tristesse, ne changent rien au mouvement du visage. »

Les muscles du larynx et les cordes vocales sont responsables de la vocalisation. Cette vocalisation, « Ha, ha », est provoquée surtout par de profondes inspirations suivies de contractions courtes et spasmodiques du diaphragme et des muscles accessoires de la respiration (scalènes, muscles intercostaux) qui mobilisent toute la cage thoracique.

Le rire s'accompagne de mouvements amples de la cage thoracique. Lors de l'inspiration interviennent les muscles les plus puissants qui vont amplifier la cage thoracique dans ses trois dimensions : verticale, transversale et antéro-postérieure.

Les muscles inspirateurs (surcostaux, scalènes, petit dentelé) amplifient le thorax surtout dans son diamètre transversal et antéro-postérieur, ils sont les moins importants qualitativement et quantitativement. Le grand muscle inspirateur est le diaphragme qui est une vaste coupole musculaire séparant le thorax de l'abdomen. Lors de l'inspiration sa courbure se redresse, le contenu abdominal est abaissé de haut en bas, les arcs costaux sont refoulés en bas et en dehors. Le diaphragme augmente la capacité respiratoire dans ses trois dimensions mais surtout dans sa dimension verticale.

A la différence des muscles inspirateurs qui sont très puissants, les muscles expirateurs sont relativement peu développés car l'expiration est avant tout le fait de l'élasticité pulmonaire. Cependant, les muscles expirateurs (intercostaux internes, grand oblique, petit oblique et transverse de l'abdomen) sont indispensables dans le rire comme dans tout phénomène expulsif.

Le rire, le chant, la toux, l'éternuement contribuent à pousser l'expiration au-delà de la simple élasticité pulmonaire et donc à mobiliser plus profondément la cage thoracique en utilisant davantage les possibilités des muscles expirateurs.

Associées à l'action des muscles respiratoires se produisent des secousses des épaules et surtout un relâchement, une détente des autres territoires musculaires. La tête n'est plus fixée et se balance, les mains s'ouvrent, allant jusqu'à lâcher des objets, les jambes se relâchent pouvant obliger le rieur à s'asseoir. Ce relâchement musculaire peut devenir très général et intéresser les sphincters. Il est fréquent que des femmes perdent quelques gouttes d'urine lorsqu'elles rient et « pisser de rire » est une expression suffisamment répandue pour qu'elle atteste d'une réalité physiologique.

Parallèlement à ces effets sur la musculature volontaire se produisent par l'intermédiaire du système nerveux autonome des modifications de la musculature involontaire, le rythme cardiaque augmente puis diminue de façon durable, les muscles lisses des artères se relâchent et augmentent le calibre des vaisseaux, ce qui diminue la pression artérielle. De même, les bronches par le jeu de leur musculature lisse s'ouvrent plus largement et augmentent ainsi la ventilation pulmonaire.

L'axe respiratoire : nous avons vu que l'axe respiratoire est intimement lié à l'axe musculaire puisque les poumons sont solidaires de la cage thoracique et que leur mobilité est fonction de celle du thorax. Le rire favorise donc mécaniquement les échanges respiratoires et nous devons parler des diverses fonctions du poumon pour comprendre comment le rire intervient à leur niveau dans le maintien de la santé.

L'arbre pulmonaire va du larynx aux alvéoles pulmonaires en passant par la trachée, les bronches et les alvéoles pulmonaires. Les poumons sont constitués d'un nombre considérable (environ 400 millions) d'alvéoles pulmonaires où s'effectue le phénomène physiologique capital de la respiration : l'hématose, c'est-à-dire l'oxygénation du sang veineux en sang artériel. Le système pulmonaire est intriqué intimement au sein du système circulatoire, et le réseau capillaire tapisse la surface des alvéoles (surface qui développée représenterait environ 130 m^2).

La fonction vitale essentielle des poumons est la respiration, c'est-à-dire, pour l'organisme, recevoir l'oxygène de l'air nécessaire à ses combustions et expulser ses produits toxiques, surtout l'acide carbonique, déchet de ces combustions. Il ne faut pas oublier que là encore, la respiration est tout ensemble un phénomène automatique par action chimique sur le bulbe, un phénomène réflexe par action de divers centres nerveux et un phénomène volontaire par l'intervention du cerveau.

A côté de la fonction principale respiratoire bien connue de tous, les poumons remplissent d'autres fonctions :

— Action sur le métabolisme des lipides (graisses) : les lipides sont drainés vers les poumons, les cellules à graisse des alvéoles pulmonaires les arrêtent, les fixent et les détruisent par combustion. On estime que, au cours de la traversée pulmonaire, le sang perd 10 % de sa teneur en lipides.

— Action antitoxique : les cellules de l'endothélium (paroi interne) de vaisseaux pulmonaires jouent un rôle de défense vis-à-vis des corps huileux et des corps étrangers circulant dans le sang.

— Fonction bactéricide : les poumons fixent les

microbes et les détruisent, d'une part grâce au grand nombre de globules blancs présents dans l'importante masse sanguine qui les traverse, d'autre part grâce à des cellules granuleuses spécialisées présentes dans les alvéoles pulmonaires.

— Les poumons jouent également un rôle spécifique dans les métabolismes du glucose (sucre sanguin), du calcium et de l'acide lactique. La quantité de ce dernier, en particulier, diminue dans le sang après le passage pulmonaire. L'acide lactique est un déchet qui provient du travail musculaire. Son accumulation produit les symptômes de la fatigue. C'est un poison que la respiration contribue à éliminer.

Lors du rire, les fonctions respiratoires sont considérablement augmentées. L'inspiration est beaucoup plus ample, la pause respiratoire est beaucoup plus longue qu'au repos et l'expiration qui se fait de manière prolongée et saccadée contribue à vider beaucoup plus complètement les poumons de leur air de réserve. On estime que lors du rire, la valeur des échanges respiratoires peut atteindre le triple ou le quadruple de celle de l'état de repos.

De nombreuses mesures ont été effectuées, par le professeur Fry de l'université Stanford, sur les formes respiratoires du rire. Ces mesures ont prouvé la réalité des trois éléments de base : inspiration, pause respiratoire, prédominance expiratoire. D'autres paramètres plus détaillés sont également étudiés aux États-Unis ; par exemple, il semble que l'on puisse prédire l'intensité et la durée du rire d'une femme d'après le rapport de son tour de taille à son tour de poitrine !

Ces constatations scientifiques sur la durée respective des différents temps respiratoires au cours du rire rejoignent les préceptes yogis de contrôle du souffle : la durée de l'expiration est habituellement 50 % plus longue que celle de l'inspiration ; dans le yoga, elle doit être au moins du double. De même, la durée de la pause respiratoire qui est inexistante lors de l'effort physique, et brève au repos, est largement augmentée dans les techniques yogis où elle doit être au moins double de la durée de l'expiration.

Le rire est donc non pas une école de contrôle du souffle, mais un moyen agréable de réaliser naturellement des exercices respiratoires utiles, en augmentant la quantité d'air de réserve dans les poumons et en mobilisant l'air de réserve (air que l'on peut chasser des poumons par une expiration volontaire forte).

L'axe neuro-hormonal : C'est l'axe de commande, de déclenchement et d'entretien des mécanismes du rire, dont l'extériorisation sera un phénomène musculaire et respiratoire. Le rire met en jeu des structures neurologiques complexes dont la description exhaustive sortirait du cadre de cet ouvrage. Il nous faut cependant considérer ses principaux éléments qui sont le cortex cérébral, le système sympathique et les médiateurs neuro-hormonaux.

Le cortex cérébral est le cerveau conscient. Partie « noble » du système nerveux, siège de la pensée, de la réflexion, de la raison, son développement est relativement récent dans l'histoire de l'espèce humaine, puisque ce n'est que depuis l'*Homo sapiens* (il y a 50 000 ans) que sa partie la plus évoluée (télencéphale) est semblable à ce que nous connaissons aujourd'hui.

La cartographie cérébrale, c'est-à-dire la localisation des différentes fonctions du cerveau, est une tâche immense et encore incomplète. Pour ce qui est du cortex cérébral, nous connaissons bon nombre de localisations, parmi elles : les aires motrices et sensitives, les aires visuelles, olfactives et auditives, les zones de la mémoire et du langage.

Il faut se souvenir que si la plupart de ces zones existent sur les deux hémisphères cérébraux, on trouve pour d'autres une localisation à droite ou à gauche. En particulier, en ce qui concerne le langage, ses centres sont habituellement localisés à l'hémisphère cérébral gauche.

Ces faits ont conduit à la notion d'hémisphère dominant et l'hémisphère gauche serait, dans les sociétés occidentales, celui du langage, de l'écriture, du calcul et de la pensée logique, l'hémisphère droit reconnaissant les formes et les visages. L'hémisphère gauche est logique et analytique, l'hémisphère droit saisit les situations comme un tout, effectue les synthèses, est le siège des activités musicales et artistiques. On est même allé jusqu'à opposer les cultures occidentales où l'hémisphère gauche dominant expliquerait l'importance du verbal et du scientifique, aux cultures orientales où l'hémisphère droit dominant expliquerait l'importance de la mystique, de l'art et de la musique.

Pour ce qui est du rire, il n'est pas étonnant que son centre cortical soit situé dans l'hémisphère droit, plus précisément dans le cortex préfrontal, où se situe le contrôle de la personnalité (aires 9 à 12 de

Brodmann). Le cortex préfrontal n'est pas concerné par l'intellect à proprement parler, mais en interaction avec le système limbique, par les réponses émotionnelles. Ces réponses vont de l'anxiété, du désespoir, du dégoût à l'extase, la volupté, l'optimisme et le rire.

La destruction accidentelle, pathologique ou expérimentale du centre du rire provoque une inhibition complète du rire. La localisation à l'hémisphère droit du centre du rire permet d'expliquer que les faits et les situations comiques qui font rire sont perçus comme un tout. Le comique et l'humour résistent à l'analyse. Bien souvent, si l'on explique et analyse un effet comique, on le détruit. De même, les esprits raisonneurs ne sont à l'évidence pas portés sur les plaisirs de la joie et du rire.

Si le cortex préfrontal est le siège de la personnalité, le système limbique, connecté au cortex préfrontal, est le véritable centre des émotions.

Le système limbique est une partie beaucoup plus ancienne du cerveau. C'est le rhinencéphale, qui ne semble pas avoir beaucoup évolué depuis les mammifères primitifs, situé profondément à l'intérieur de la boîte crânienne. Ses différentes structures portent de fort jolis noms : septum lucidum, noyaux amygdaliens, circonvolution et noyau de l'hippocampe, tubercules mamillaires. Sur le plan fonctionnel du contrôle des émotions, l'hypothalamus, tout proche mais qui anatomiquement fait partie d'un autre étage cérébral plus ancien (diencéphale) doit être envisagé en même temps que le système limbique proprement dit. L'hypothalamus compte deux structures principales qui nous intéressent ici : le noyau dorsal et le noyau dorso-médian.

Les mécanismes cérébraux qui produisent les émotions sont partiellement repérés depuis 1953, date à laquelle Olds, chercheur canadien, découvrit le centre du plaisir dans le cerveau. Une stimulation électrique par une micro-électrode d'un point particulier du système limbique procurait chez un rat un plaisir tellement intense que les animaux apprenaient à provoquer les décharges, eux-mêmes, vingt-quatre heures de suite pour que le courant électrique ne cesse pas de stimuler ces zones du plaisir. Certains vont jusqu'à en mourir d'épuisement ! Aucun doute, l'animal désire la stimulation.

Par la suite, d'autres centres d'émotions ont été découverts dans le système limbique, rage et agression dans l'amygdale, joie par stimulation du septum, etc. L'hypothalamus contient également des zones de plaisir et de déplaisir ainsi que des régions qui assurent le contrôle du rythme cardiaque, de la respiration, de la tension artérielle, de la température et des sécrétions hormonales.

Le système limbique de chaque individu fonctionne à des niveaux différents, ce qui rend compte des différences individuelles de perception de la réalité. Certaines personnes sont plus sensibles à la douleur que d'autres. Une scène déprimante pour un sujet donné peut au contraire être hilarante pour un autre.

Si l'on sait localiser les différentes émotions au sein du système limbique, on n'est pas encore sûr de la façon dont les mécanismes émotionnels fonctionnent. Il est vraisemblable que le cortex cérébral dicte au système limbique quel type de réponse il doit faire et que le système limbique ajuste le niveau de réponse, de l'amusement discret au rire inextinguible, de la contrariété vague à la haine féroce. Une expression émotionnelle met pleinement en jeu des mécanismes de « feed-back » par l'intermédiaire des organes des sens jusqu'au cerveau en passant par les sécrétions hormonales et les viscères. En retour, les modifications cérébrales affectent la périphérie en produisant les manifestations physiques de l'émotion. C'est d'ailleurs le principe du détecteur de mensonges qui mesure les variations de la résistivité électrique de la peau liée à l'activité des glandes sudoripares dont la sécrétion varie en fonction des émotions (mensonge dans ce cas). Il existe donc un système à deux étages : type de l'émotion (plaisir, rire, colère, etc.) décidé et reconnu par le cortex conscient en fonction des messages qu'il a reçus et ajustement de la réponse, intensité de la réponse émotionnelle qui s'élabore au sein du système limbique. La transmission périphérique de la réponse émotionnelle à partir du système limbique se fait par l'intermédiaire du système neurovégétatif au moyen des neurotransmetteurs.

La quasi-totalité des circuits cérébraux fait appel aux neurotransmetteurs car toute la transmission entre les neurones se fait par transmission chimique, le rôle électrique de l'influx nerveux n'étant que de libérer les neurotransmetteurs au niveau de la synapse (espace entre deux cellules).

Ce n'est que récemment que l'on a compris que toutes les substances qui agissent sur le système nerveux, tranquillisants, antidépresseurs, sont efficaces parce que leurs molécules modifient la neuro-

73

transmission. Ces médicaments ont la faculté d'accroître ou de diminuer la transmission chimique entre les neurones.

On a actuellement prouvé le rôle de cinq substances présentes dans la transmission entre les neurones :

— *L'acétyl-choline* intervient dans les mouvements simples.

— *La dopamine* intervient dans le déroulement des mouvements complexes mais aussi, semble-t-il, dans l'activité mentale, et un manque de dopamine serait responsable de certaines psychoses.

— *Le GABA* (acide gamma-amino-butyrique) inhibe les mouvements anormaux et un déficit en GABA semble responsable de troubles du comportement et de l'humeur.

— *La sérotonine* joue un rôle dans le déclenchement du sommeil.

— *La nor-adrénaline* (qui est chimiquement proche de la dopamine) intervient dans le maintien de l'état d'éveil et la régulation de l'humeur.

L'activité des neurotransmetteurs est modulée, c'est-à-dire amplifiée ou réduite par les *endorphines* et les *enképhalines* qui sont des neuromodulateurs. Il s'agit de molécules beaucoup plus complexes que les neurotransmetteurs proprement dits mais qui sont également présentes dans l'hypothalamus et le système limbique.

Les fonctions concernées par les neuromodulateurs sont surtout la perception de la douleur, la mémoire et l'apprentissage.

Les endorphines (morphines internes) ont été découvertes un peu par hasard alors que les chercheurs tentaient de découvrir les mécanismes d'action de la morphine. Ils mirent en évidence, au niveau des cellules spécialisées dans la transmission des impressions douloureuses, des zones réceptrices de la morphine. Ils pensèrent donc que, puisque de telles zones existaient, il devait y avoir naturellement de la morphine présente dans l'organisme, ce qui a conduit quelques années plus tard à l'isolement des endorphines.

Les neuromodulateurs semblent jouer un rôle au niveau de la mémoire, et des expériences sur les rats (Rossier, 1980) prouvent qu'une injection d'α-endorphine stimule la mémoire et l'apprentissage alors que la γ-endorphine est inactive. La découverte des endorphines, dont l'existence pouvait être prévue du fait de la présence spécifique de récepteurs morphiniques, renouvelle également le problème de l'anxiété.

En effet, on a mis en évidence dans certaines cellules nerveuses des sites récepteurs spécialisés pour les benzodiazépines (médicaments antianxiété). L'existence de tels sites spécialisés, comme dans le cas des endorphines, laisse supposer qu'il existe naturellement dans l'organisme une molécule de l'anxiété et que l'anxiété serait donc un phénomène normal, nécessaire au maintien d'un certain degré d'alerte et de vigilance. L'anxiété vitale serait nécessaire, ce n'est que l'excès d'anxiété qui serait néfaste. Malheureusement, la « molécule de l'anxiété » n'a pas encore été découverte, même s'il y a de bonnes chances pour qu'elle existe !

Plus encore, l'hypothèse d'une molécule, ou d'une hormone du rire me paraît vraisemblable. En effet, nous savons, nous le verrons plus loin, que certaines substances chimiques, comme le protoxyde d'azote, font rire. Il est donc logique de penser qu'il existe là encore, dans le système nerveux, des sites récepteurs spécialisés pour ces substances. Si une molécule extérieure à l'organisme déclenche le rire, cela signifie que non seulement le rire est inscrit en nous, qu'il est un phénomène nécessaire, mais que la biochimie cérébrale participe à son élaboration. Nous savons rire pour diminuer notre anxiété vitale, et, si les voies de la recherche pharmacologique s'orientent dans ce sens, il est possible que l'on puisse découvrir un jour la « molécule du rire » et guérir la tristesse, la morosité ou la perte du sens de l'humour comme nous traitons une insuffisance hormonale.

Le passionnant chapitre des neurotransmetteurs et des neuromodulateurs est en pleine évolution et la neurobiochimie est une science naissante. Mais ce que nous savons déjà nous permet de comprendre intimement les rapports entre l'humeur et la santé.

L'expression périphérique des émotions, dont nous avons vu l'élaboration corticale et sous-corticale, la transmission chimique par les neuromédiateurs, prend ensuite les voies du système nerveux végétatif pour atteindre les différents organes concernés.

Le système nerveux végétatif, ou système nerveux autonome, contrôle automatiquement, en dehors de la volonté, un grand nombre de fonctions de l'organisme : cœur, vaisseaux, appareil digestif, respiration, glandes endocrines, taille des pupilles, etc.

Le système nerveux autonome est un système non stable qui comprend deux sous-systèmes en équilibre perpétuel : le système sympathique accélérateur et le système parasympathique freinateur.

Le système nerveux autonome a des centres multiples (ganglions) qui obéissent à une direction centrale située à la base du cerveau (hypothalamus et système limbique). On peut comparer le système nerveux autonome à une horloge à balancier : le sympathique serait le système moteur, le ressort, tandis que le parasympathique serait le balancier, compensateur et ralentisseur.

Les centres du système nerveux sympathique sont dans la moelle épinière au niveau dorsal et lombaire, les nerfs qui quittent la moelle épinière passent par des ganglions avant d'atteindre les parties du corps qu'ils commandent. Le ganglion cervical supérieur innerve les vaisseaux sanguins de la tête, les pupilles et les glandes salivaires. Le ganglion stellaire fournit des nerfs qui accélèrent le cœur et augmentent la ventilation pulmonaire. Le ganglion cœliaque fournit des nerfs au foie, au pancréas, à l'estomac et aux intestins. Le ganglion mésentérique inférieur innerve la vessie, le rectum et les organes génitaux.

Le système sympathique est accélérateur, c'est-à-dire qu'il s'occupe des réactions d'urgence, provoque la transpiration, augmente la pression sanguine, dilate les pupilles, etc.

Le système parasympathique a ses centres au niveau des parties supérieures et inférieures de la moelle épinière. Trois nerfs crâniens contractent les pupilles, innervent les muqueuses du palais et du nez et les glandes salivaires dans leur zone sécrétoire, un quatrième nerf crânien, le nerf vague, ralentit l'action du cœur et des poumons, augmente l'activité de l'estomac et des intestins et innerve le pancréas, le foie et les reins. Les nerfs provenant du bas de la moelle épinière (nerfs sacrés) innervent la vessie, le rectum et les organes génitaux.

Le système parasympathique est freinateur, contracte les pupilles, ralentit le cœur, dilate les artères, détend les muscles.

A l'état normal, systèmes sympathique et para-sympathique sont équilibrés, mais en cas de stress le sympathique domine, alors que si l'on se relaxe, la dominante parasympathique sera nette.

Si les causes du rire sont surtout psychologiques, et touchent, nous l'avons vu, aux mécanismes du comique, il existe également des causes de rire purement physiques ainsi que des causes pathologiques. Les causes physiques du rire sont essentiellement le chatouillement et l'inhalation de protoxyde d'azote (gaz hilarant).

Le chatouillement fait rire en mettant en jeu un réflexe complexe à point de départ périphérique. Si nous pouvons contrôler partiellement le fonctionnement de notre corps, beaucoup de ses activités cependant dépendent de circuits neurologiques internes qui s'effectuent automatiquement sans référence au cerveau conscient. Les réflexes ont deux avantages, répondre très rapidement à une situation d'urgence et libérer les autres structures cérébrales pour qu'elles puissent se consacrer à des tâches plus complexes.

Éternuer, tousser, éloigner rapidement la main d'un poêle brûlant, rire en étant chatouillé sont des réflexes. Les réflexes les plus simples, comme le réflexe rotulien, ne mettent en jeu que deux neurones. La plupart des réflexes sont bien plus complexes et mettent en jeu un grand nombre de

78

neurones intermédiaires ainsi que les structures inférieures du cerveau. Dans le cas du rire, une information sensitive (chatouillement d'une zone sensible, plante des pieds, aisselles, etc.) est relayée par plusieurs neurones à des niveaux supérieurs de la moelle épinière puis de l'hypothalamus, des messages moteurs parviennent ensuite aux différents muscles intéressés pendant que les réflexes autonomes contrôlent les modifications de la respiration, du cœur, etc. La vocalisation du rire est également involontaire et fait partie de la réponse réflexe.

Qu'il existe en nous un rire réflexe, que chacun a pu ressentir et expérimenter, est un argument de plus pour affirmer l'importance du rire pour l'être humain. La plupart des réflexes assurent soit la protection immédiate de l'organisme, soit son ajustement à l'environnement, deux conditions nécessaires au maintien de la vie ; le rire est aussi un réflexe vital, déjà présent chez le nouveau-né.

Le protoxyde d'azote a été nommé « gaz hilarant » lors de sa découverte au milieu du XIXe siècle. Il fut d'abord utilisé comme une attraction foraine, son inhalation faisait rire, mettant, là encore, en jeu un réflexe complexe. Peu après, on s'aperçut que ce gaz avait, en outre, des propriétés anesthésiques et analgésiantes (qui supprime la douleur) et les arracheurs de dents, puis les dentistes, s'en servirent pour leurs extractions douloureuses. La découverte de l'anesthésie a permis tout le développement de la médecine moderne, et il n'est pas indifférent de savoir que c'est une humble attraction foraine qui a été à l'origine de toute l'anesthésie et donc de toute la chirurgie contemporaine. Le protoxyde d'azote reste d'ailleurs de nos jours le seul anesthésique gazeux couramment utilisé bien que l'anesthésie moderne recoure à des techniques beaucoup plus sophistiquées. Curieusement d'ailleurs, par une étrange pudeur, les traités actuels d'anesthésie ne mentionnent que rarement les propriétés hilarantes de ce gaz.

On connaît mal les mécanismes exacts de l'action du protoxyde d'azote sur les centres du rire, on suppose que ses propriétés relaxantes opèrent une déconnexion entre les centres émotionnels et le cerveau conscient, ce qui permet donc au rire qui est en nous de s'exprimer. Certaines drogues comme la marijuana et le haschich ont vraisemblablement les mêmes propriétés puisqu'il est bien connu que leur consommation provoque et entretient le rire.

La pathologie du rire est un autre moyen de découvrir ses mécanismes et de les comprendre, puisque l'on a pu décrire un certain nombre de lésions cérébrales, plus ou moins spécifiques, qui s'accompagnent des manifestations extérieures du rire. Le rire pathologique est un trouble du comportement et de l'humeur qui fait partie des manifestations typiques de certaines maladies ; dans ces cas, le rire n'a plus rien de plaisant, ce n'est plus un rire de santé mais un symptôme morbide.

Un rire aberrant, non contrôlé, éclatant soudainement, sans joie ni plaisir, se manifestant sans à-propos, existe, à côté de beaucoup d'autres symptômes, dans trois affections neurologiques bien particulières : la sclérose latérale amyotrophique, la sclérose en plaques, les atteintes pseudo-bulbaires. Dans ces trois affections, on retrouve des lésions spécifiques, correspondant à la destruction de certaines zones cérébrales, qui expliquent ces comportements anormaux.

Il existe aussi une forme rare d'épilepsie (épilepsie gélastique) qui se caractérise par des crises de rire, survenant de temps en temps, sans motif apparent, c'est alors un rire triste, creux et faux qui s'accompagne souvent des autres symptômes de l'épilepsie, chute avec perte de connaissance, etc. D'autres formes d'épilepsie où existent des lésions du lobe temporal débutent par un rire étrange, ce mode de début par une sensation inhabituelle (aura) caractérise d'ailleurs toutes les épilepsies temporales dont les crises peuvent s'annoncer, par exemple, par la perception d'une odeur anormale.

A côté de cette pathologie strictement neurologique, on décrit un certain nombre de manifestations psychiatriques caractérisées par des troubles de l'humeur et donc éventuellement par un rire anormal. Les démences préséniles (maladie de Pick et maladie d'Alzheimer) sont des atrophies cérébrales survenant après la cinquantaine où les malades, entre autres, ne peuvent rien prendre au sérieux et ont tendance à faire des plaisanteries stupides.

Les rires des schizophrènes sont des rires explosifs, mal adaptés, discordants, maniérés, stéréotypés, ils font partie des nombreux autres symptômes de la dissociation de la personnalité caractéristique de ces malades.

Chez les maniaques (dérèglement de l'humeur, fait d'excitation incontrôlée, d'agressivité) l'éclat de rire est un symptôme important qui traduit surtout les intentions agressives vis-à-vis de l'autre.

Il est clair que le rire pathologique ne reflète

habituellement pas un élément sous-jacent de joie ou de plaisir, il n'est pas sous le contrôle conscient du patient et il est toujours inapproprié dans le contexte où il survient.

Le rire pathologique des maladies mentales nous éclaire sur les mécanismes normaux du rire et de l'humeur, leurs localisations neurologiques et l'action des neurotransmetteurs. La psychiatrie biologique reconnaît en effet de plus en plus des modifications chimiques à l'origine de la pathologie mentale. Nous savons, par exemple, que les états dépressifs peuvent être liés à un manque d'adrénaline, que la schizophrénie coïncide avec un excès de dopamine. Les médicaments utilisés dans le traitement des maladies mentales agissent tous par leur impact sur ces neurotransmetteurs : les neuroleptiques bloquent les récepteurs à dopamine, les tranquillisants soulagent l'anxiété, les antidépresseurs augmentent les quantités d'adrénaline et de sérotonine circulante. S'il est vraisemblable que le rire pathologique est lié à des modifications chimiques isolées ou ajoutées à des lésions neurologiques anatomiques, l'inverse est également à voir : le rire sain met en œuvre, stimule, régularise, module les mécanismes neurochimiques normaux de contrôle de l'humeur.

VII.

RIRE POUR GUÉRIR

Ce que nous avons vu de la physiologie du rire, de ses mécanismes, de ses effets sur différents appareils de l'organisme rend compte de son action thérapeutique et permet de comprendre pourquoi celui qui rit reste en bonne santé ou peut retrouver la santé.

Le rire est un exercice musculaire, le rire est une technique respiratoire, le rire libère les endorphines cérébrales, le rire est un stimulant psychique, le rire, par son action sur le système neurovégétatif, combat le stress.

Le rire est un exercice musculaire. Le rire mobilise la plupart des muscles de l'organisme, depuis la face jusqu'aux membres, en passant par le diaphragme et les muscles abdominaux. Le travail musculaire est un besoin qui stimule toutes les fonctions vitales, et l'on se rend de plus en plus compte que notre civilisation fait tout pour l'entraver. De cette constatation découle le succès de toutes les gymnastiques, de la pratique des sports collectifs et individuels. Des excès de la mécanisation, du travail de bureau, des activités sédentaires est née la prise de conscience du retour nécessaire au corps. Certes, il faudra toujours marcher pour aller jusqu'à sa voiture, mais on commence à savoir que c'est une dépense physique nettement insuffisante !

Il ne suffit cependant pas de savoir vaguement que l'exercice fait du bien, il faut que l'on sache, non parce qu'on l'a entendu dire, mais parce qu'on l'a compris, que beaucoup de maladies proviennent directement de la paresse physique. Toutefois, la pratique de la gymnastique et des sports n'est pas sans aléas ni difficultés, et pour diverses raisons ne convient pas à tout le monde. Le rire est un exercice musculaire à la fois doux et profond, facile à mettre en œuvre en beaucoup d'occasions, sans que l'on dispose d'un stade, d'une forêt ou d'un moniteur. C'est un véritable « jogging stationnaire » dont les effets sont comparables à ceux d'un exercice musculaire bien conduit et modéré ; comme tel, il convient à tous et surtout à ceux qui n'ont que peu de goût pour les exercices physiques traditionnels, et qui, par le rire, en trouveront l'équivalent dans des conditions nettement plus plaisantes, moins épuisantes et intellectuellement plus stimulantes.

Le rire est une technique respiratoire. Physiologiquement, exercices musculaires et exercices respiratoires sont intimement liés et il est probable que les bienfaits des sports sont surtout dus au travail sur la respiration. S'il existe chez les athlètes et les grands sportifs des modifications musculaires qui leur sont propres, pour la majorité des personnes qui courent, font leur culture physique matinale ou dansent, l'action bénéfique de ces exercices provient de la gymnastique respiratoire qui les accompagne.

Savoir respirer est indispensable à la santé. Bon nombre d'affections courantes sont influencées favorablement par une bonne éducation respiratoire. Les avantages physiques sont les premiers perçus, liés au brassage des viscères par les muscles abdominaux et thoraciques et à la dépuration de l'organisme par l'oxygène. Les fonctions intestinales et hépatiques sont améliorées, l'appareil cardio-vasculaire se régularise, le rendement intellectuel augmente, nervosité et insomnies diminuent.

Le rire libère les endorphines cérébrales. Le rire stimule la production cérébrale de catécholamines, qui sont les hormones de l'éveil et préparent l'organisme, en le mettant en état d'alerte, à répondre aux agressions. En retour, les catécholamines augmentent la production d'endorphines, les morphines naturelles, qui agissent contre la douleur. De plus, les catécholamines diminuent l'inflammation, ce qui potentialise l'action des endorphines contre la douleur.

Le rire est un stimulant psychique. Le rire construit une barrière morale d'optimisme en développant la faculté de réagir. De cette façon, petites dépressions physiques, inquiétudes, angoisses disparaissent de la vie quotidienne. Le rire est une désintoxication morale. De plus, l'état d'alerte dans lequel se trouve l'organisme, lié aux catécholamines, augmente l'attention, les possibilités intellectuelles et la vitesse d'exécution des tâches. On peut même penser, avec certains chercheurs, que le génie est lié à une production accrue de catécholamines.

De toute manière, le rire stimule les facultés intellectuelles, la rapidité avec laquelle on voit l'humour dans une situation donnée ; la rapidité de la réaction, l'aptitude à rire sont un véritable baromètre des possibilités psychiques d'un individu. Le rire est aussi un exercice intellectuel stimulant, un véritable « jogging de l'esprit » au même titre qu'un jogging du corps !

Le rire agit sur le système neurovégétatif. Le système limbique, centre des émotions, commande le système neurovégétatif. Nous avons vu que dans le rire, après une première phase d'alerte, à prédominance sympathique, se produit la seconde phase, la plus importante, à prédominance parasympathique. Le parasympathique ralentit le rythme cardiaque, fait baisser la tension artérielle, régularise la respiration et la digestion, commande les organes génitaux. Qui plus est, l'action du rire sur le parasympathique est durable : les effets favorables persistent longtemps après que l'on a cessé de rire. C'est là, de façon évidente, que s'effectue la réduction des effets nocifs du stress. C'est parce qu'il provoque la prépondérance du système parasympathique que le rire a de nombreux effets bénéfiques sur la santé.

D'une façon plus générale, le rire doit d'abord être envisagé d'un point de vue psychosomatique. Le rire est avant tout une émotion ; nous avons vu les aspects somatiques de l'émotion qui nous permettent de découvrir les correspondances entre l'état psychique et les manifestations physiques qui l'accompagnent.

Mais le rire est une émotion particulière qui appartient au groupe particulier des phénomènes respiratoires. Les émotions respiratoires, le rire entre autres, sont des plus importantes sur le souffle, l'esprit, l'*anima* des Latins. Les émotions respiratoires modèlent, informent et façonnent le souffle.

Il existe deux grands types d'émotions respiratoires : les émotions en inspiration, et les émotions en expiration dont le rire fait partie.

Les émotions en inspiration sont surtout représentées par *le bâillement* et *l'angoisse*.

Le bâillement, ouverture démesurée de la bouche avec aspiration profonde, aspire à renouveler le milieu intérieur par un apport d'air nouveau. Si l'on s'ennuie, on aspire à renouveler son milieu psychique par un apport de quelque chose de nouveau qui revigore.

L'angoisse, au-delà de son substratum neurophysiologique, est la réaction d'un individu moralement cerné. Dans une situation sans issue, cet individu est physiquement privé d'air, plus ou moins étranglé, oppressé, la gorge serrée, cette émotion si elle se poursuit provoque une sensation de mort imminente.

Les émotions en expiration sont au contraire des émotions qui libèrent. *Le cri* est une brusque mobilisation vocale de l'air, une réaction d'alarme qui peut devenir un appel. On connaît l'usage du cri dans les thérapeutiques primales. *Le soupir* est l'envers du bâillement ; c'est une expiration profonde, on rejette quelque chose avec besoin de soulagement. *Le sanglot* est l'équivalent triste du rire, une expiration convulsive qui se répète par saccades successives. *Le rire,* enfin, est un phénomène expiratoire qui rejette tellement d'air qu'on vide sa poitrine. Le rire est décompressif et expulsif, il est également explosif, brusque, paroxystique, intense, d'emblée maximal.

Comme toujours lorsque l'on aborde les manifestations psychosomatiques, nous retrouvons le conflit entre le désir individuel et l'adaptation sociale : une réaction nuisible à l'individu, l'angoisse qui consiste à refouler, à introvertir le conflit et une réaction favorable à l'individu, celle du mouvement expansif, du rire qui extravertit le conflit, et par là même l'évacue.

Après avoir vu de façon globale les effets du rire sur l'organisme, nous pouvons maintenant envisager ses effets thérapeutiques au niveau des grands appareils et des principales manifestations pathologiques. Ce sera l'objet des développements qui suivent.

Ces développements seront nécessairement un peu répétitifs car ce sont toujours les mêmes causes qui agissent sur des structures semblables, mais il me paraît indispensable de détailler l'action du rire sur des fonctions en apparence très différentes, tout en gardant présent à l'esprit le fait que le corps est un tout. Dans ce sens, la répétition des mêmes causes conduisant aux mêmes effets ne peut que renforcer cette notion.

Rire et état général

Rire provoque une sensation de bien-être général — état général est ici entendu au sens large — qui signifie tout autant la sensation de bien-être et d'équilibre d'un individu que l'état de son corps, l'harmonie de ses formes et de ses traits, sa beauté, son énergie, ses activités. La vie moderne, semée d'obstacles et de difficultés quotidiennes nous amène à nous défendre contre des agressions continues qui nous fatiguent et nous épuisent nerveusement. Tous les besoins de la vie civilisée, nos aspirations au bonheur matériel et émotionnel, engendrent l'anxiété de ne pas pouvoir satisfaire nos désirs.

Des altérations de l'état général existent dans bon nombre de maladies spécifiques, mais mon propos est ici d'évoquer les états de fatigue, d'anxiété, de dépression plus ou moins intenses que l'on observe de plus en plus souvent sans que l'on puisse mettre en évidence une véritable pathologie organique.

Sous le terme d'asthénie, on entend un état pathologique essentiellement caractérisé par une diminution de la force musculaire et nerveuse, accompagnée d'un ralentissement des fonctions intellectuelles. L'asthénie est fréquente : 8 malades sur 10 qui consultent un médecin s'en plaignent. L'asthénie constitue en fait un ensemble de symptômes (syndrome) où les signes psychiques, insomnies, inattention, perte de mémoire, dépression, s'associent à des signes digestifs et à la fatigue proprement musculaire.

Des troubles du métabolisme des graisses (cholestérol), des glucides, sont souvent associés à ces états de fatigue ainsi que des modifications de l'aspect du visage et du corps : poches sous les yeux résultant de la fatigue et des insomnies, traits tirés, rides profondes.

Des troubles des conduites alimentaires viennent

89

bien souvent compléter ces états d'asthénie, surcharge pondérale par boulimie compensatrice ou au contraire amaigrissement et maigreur par anorexie.

Les troubles du sommeil, en particulier les difficultés d'endormissement et l'insomnie de la deuxième partie de la nuit, sont également fréquents et seront détaillés plus loin.

L'ensemble de ces troubles de l'état général est le signe d'un déséquilibre entre les fonctions de l'organisme. L'homéostasie, dont nous avons vu qu'elle est sous la dépendance du système nerveux autonome, n'est certes pas détruite, ce qui est incompatible avec la vie — mais elle est perturbée, elle passe par des variations brusques.

Nous savons maintenant que pour combattre cette asthénie physique et mentale, le repos complet est souvent inefficace et nuisible, les traitements défatigants souvent inutiles ou d'action temporaire. Seul l'effort physique modéré, la réadaptation à l'effort physique, la rééquilibration du système nerveux autonome et la lutte contre l'anxiété permettront d'améliorer puis de guérir ces malades.

Parmi les exercices physiques, le rire a une place de choix, il aère le physique aussi bien que le psychique. Il rétablit l'équilibre sympathique, il opère un véritable massage des traits du visage contribuant à lui rendre sa beauté et sa souplesse, luttant contre l'affaissement des traits, donnant du brillant au regard, restaurant la joie de vivre.

Rire et appareil respiratoire

J'ai beaucoup insisté sur le rire phénomène respiratoire à prédominance expiratoire. Dans le domaine de la pathologie bronchique et pulmonaire, le rire, grâce à son caractère expulsif et grâce à la mobilisation de l'air de réserve, a de nombreuses applications.

Rire nettoie et libère les voies aériennes supérieures, cette action est comparable à celle de la toux. Je rappelle que dans le fabliau moyenâgeux du vilain mire, la belle princesse avait une arête coincée dans la gorge et ne trouvait pas cela drôle du tout ! C'est en voyant les grimaces du jeune paysan qu'elle en viendra à rire, de ce rire expulsif qui la guérira. Puis elle épousera le jeune homme, ce qui n'était que justice !

L'asthme, qui a de nombreuses causes physiques et psychologiques, est déterminé par un rétrécissement du calibre des bronches qui produit un sifflement si caractéristique lors de l'expiration. La crise d'asthme est essentiellement due à une sympathicotonie, c'est-à-dire à la prédominance du système sympathique. Le rire détourne ce mécanisme et provoque au contraire un relâchement de la musculature lisse des bronches par action du système parasympathique. On peut faire céder une crise d'asthme si l'on parvient à faire rire le sujet.

L'emphysème est une maladie pulmonaire qui se caractérise par une augmentation du volume de l'air de réserve, ce qui affecte la fonction pulmonaire et conduit à l'insuffisance respiratoire.

Le rire peut agir chez les emphysémateux comme une véritable rééducation respiratoire en augmentant le volume d'air de réserve expiré.

De toute manière, la rééducation respiratoire est souvent indiquée chez les sujets infectés, emphysémateux, encombrés, insuffisants respiratoires, obèses, etc. ; le rire est un bon moyen de faire cette rééducation dans des conditions tout à fait agréables.

De nombreuses personnes ne savent pas respirer, ou plus exactement, leur respiration est courte, superficielle, haletante. Ces respirations à bouche ouverte, sans pause respiratoire, avec expiration brève se voient chez les sujets anxieux, mais ce type même de respiration crée l'anxiété, ou l'augmente en provoquant une alcalose respiratoire responsable d'hyperexcitabilité neuromusculaire.

La respiration du rire, au contraire, est une « bonne » respiration qui par ses caractéristiques mêmes lutte contre l'alcalose et diminue l'anxiété.

Rire et appareil cardio-vasculaire

Le cœur et les vaisseaux sont le siège de processus pathologiques fréquents, parfois graves et toujours angoissants. Il existe des maladies cardio-vasculaires organiques par lésions congénitales ou accidentelles des valvules du cœur, ou par obstruction des vaisseaux nourriciers du cœur (insuffisance coronarienne et infarctus du myocarde). L'hypertension artérielle (élévation persistante anormale des chiffres de la pression maximale et minimale) est une maladie très fréquente à ranger également dans la pathologie

cardio-vasculaire. Certains cas d'hypertension artérielle sont liés à des lésions précises mais bien souvent
on ne trouve pas d'origine à ces hypertensions et on
parle alors d'hypertension essentielle ou d'hypertension « nerveuse ». Nous voyons donc que là encore
coexistent une pathologie spécifique, macrolésion-
nelle, justiciable d'un traitement étiologique particulier et des symptômes intéressant la sphère cardio-
vasculaire que l'on qualifie de « fonctionnels » puisqu'on ne leur trouve pas d'origine précise. Bien
entendu, le « fonctionnel » est toujours lié à l'association de troubles microlésionnels touchant les systèmes métaboliques, le système nerveux central et le
système neurovégétatif. La distinction entre « organique » et « fonctionnel » dont on sait la fragilité et
qui n'est qu'une différence de degré entre macro-
lésionnel et microlésionnel n'est conservée que pour
la commodité de l'exposé.

Il n'est pas question de rire de la pathologie
cardiaque organique et il serait fort mal venu de se
tordre de joie si l'on a un infarctus du myocarde !
L'avis du médecin est toujours indispensable et le
traitement médical étiologique souvent nécessaire.
Mais quand nous entrons dans le domaine de la
pathologie cardio-vasculaire fonctionnelle, le rire
trouve une place de choix dans la prévention et le
traitement.

En effet, de quoi s'agit-il quand nous parlons de
pathologie fonctionnelle dans ce domaine ?

Il s'agit avant tout de manifestations douloureuses
où l'anxiété joue un grand rôle. Les précordialgies
(douleurs de la région du cœur) sont à type de
pincement et d'élancement, d'oppression thoracique,

les tachycardies (accélération du rythme cardiaque) permanentes ou transitoires, sont souvent ressenties de façon douloureuse. Il s'agit aussi d'états franchement pathologiques comme l'hypertension artérielle ou l'athérome vasculaire (dépôt de cholestérol dans les artères) qui pourront nécessiter des traitements médicaux au long cours.

Dans bon nombre d'affections cardio-vasculaires, les mécanismes de production des symptômes s'expliquent par des spasmes de la musculature lisse ou striée et par une obstruction plus ou moins importante du calibre des artères par l'athérome. De plus, les accélérations du rythme cardiaque, les spasmes vasculaires sont majorés par l'augmentation de la production d'adrénaline chez ces sujets.

Nous verrons plus loin le rôle de deux entités cliniques, la spasmophilie et le stress, dans le déterminisme de la production d'un certain nombre de symptômes et d'affections cardio-vasculaires, mais dès maintenant, nous pouvons comprendre l'action préventive et curative du rire.

Le rire réalise un effet de choc sur le système neurovégétatif. Tout le système cardio-vasculaire en bénéficie. Dans la phase initiale, le cœur et la respiration s'accélèrent. Cette phase est brève et est suivie par la phase d'apnée (pause respiratoire), où le rythme cardiaque se ralentit par inhibition du système sympathique, puis par la longue phase de prédominance parasympathique : le cœur demeure ralenti, la tension artérielle baisse, les muscles se détendent. Bien entendu, le rire a des effets durables sur le métabolisme du cholestérol puisque le brassage hépatique, l'augmentation des échanges pulmonaires tendent à faire baisser le taux des graisses sanguines. Il a donc un rôle certain de prévention de l'athérome vasculaire et de l'artériosclérose.

Rire et digestion

La fonction d'assimilation des aliments siège dans le tube digestif, long tube qui va de la bouche à l'anus, d'une longueur totale d'environ 10 mètres (œsophage : 50 cm, estomac : 50 cm, duodénum : 25 cm, intestin grêle : 6 à 8 m, côlon : 2 m). Au tube digestif lui-même sont annexés divers organes glandulaires (foie, pancréas) chargés de sécréter les sucs digestifs et enzymes nécessaires à la digestion des aliments. Dans le tube digestif s'élabore la chimie nutritive de l'organisme mais se forment également sans arrêt, nuit et jour, des produits toxiques nocifs pour le corps et le moral. Ces résidus de la digestion doivent être éliminés mais leur évacuation est trop souvent irrégulière et incomplète.

La constipation, extrêmement fréquente, a de nombreuses causes dont une alimentation inadaptée, une mauvaise hygiène générale, un système nerveux perturbé, atonique ou trop excité, une musculature abdominale défectueuse. La constipation est de deux types : *atonique,* où la motricité intestinale est réduite, ce qui est fréquent chez les sujets fatigués et amaigris, ou, au contraire, *spasmodique,* avec motricité intestinale augmentée par contracture des fibres musculaires lisses de l'intestin, cette dernière forme existant surtout chez les personnes anxieuses et surmenées.

Les traitements habituels de la constipation sont à base de laxatifs (médicaments qui provoquent une exonération intestinale), cette exonération est souvent pénible et rapide mais entraîne une contracture réflexe et une atonie secondaire avec constipation encore plus importante. Le malade forcera la dose des laxatifs, entrant dans un véritable cercle vicieux de constipation chronique, désespérante. Il se crée ainsi une véritable intoxication permanente de l'organisme par des déchets qui doivent normalement être éliminés. Cette intoxication a des conséquences pathologiques physiques et psychiques.

Les conséquences physiques de la constipation touchent l'état général (fatigue), le fonctionnement du foie (ictères, cholécystites), la peau (eczéma, urticaire), l'appareil urinaire (infections à colibacille), le système nerveux (vertiges, maux de tête) ; l'apparence même de ces sujets est modifiée : ils sont tristes, leur teint est brouillé, leurs yeux sont cernés, leur peau perd sa beauté. Les désordres psychiques ne sont pas moins préoccupants : morosité, états dépressifs, baisse du rendement intellectuel, diminution de l'attention, irritabilité sont le lot de ces personnes qui sont véritablement auto-intoxiquées.

Le rire intervient comme un des meilleurs moyens naturels de lutte contre la constipation en provoquant une gymnastique abdominale, un brassage en profondeur du tube digestif. Cette action purement mécanique est évidente si l'on observe des gens en train de rire, les tressautements abdominaux peuvent aller jusqu'à une authentique danse du ventre !

L'expiration forcée du rire a également pour effet

de lutter contre l'aérophagie en expulsant l'air contenu dans la partie haute du tube digestif.

Nous savons que la gymnastique classique qui tend à renforcer la sangle abdominale est fatigante, difficile et contraignante ; il est tellement plus agréable, et efficace, de rire sans retenue.

A côté des effets strictement mécaniques du rire sur le contenu abdominal existent également des conséquences favorables liées à l'action prépondérante du système parasympathique : augmentation de la sécrétion de salive et des sucs digestifs, augmentation des contractions de l'estomac et des intestins, la digestion est plus complète, plus régulière, la motricité intestinale mieux coordonnée contribue également à lutter contre la constipation. L'action sur les muscles du sphincter anal, qui se détendent, permet d'expliquer les résultats sur les formes basses de constipation des sujets anxieux.

Les organes glandulaires annexés au tube digestif jouent un rôle très important dans la digestion et profitent également des effets bénéfiques du rire.

Le foie préside à la nutrition de tous nos organes, il a une sécrétion externe, la bile, fluidifiant essentiel à la digestion, et de nombreuses sécrétions internes qui interviennent dans le métabolisme de l'urée, du glucose, du fer, du cholestérol, etc.

Il existe des atteintes organiques du foie qui correspondent à une dégénérescence de ses cellules, qui peut être d'origine toxique (alcool par exemple), et réalisent des tableaux de cirrhose ou de stéatose ; l'atteinte peut être infectieuse, virale (hépatite) ou encore toucher les voies biliaires (vésicule biliaire et canal cholédoque) qui sont encombrées ou bouchées par des calculs.

À côté de cette pathologie organique du foie et des voies biliaires existe une entité, parfois discutée mais cependant bien réelle, qui correspond au syndrome clinique de l'insuffisance hépatique. L'insuffisance hépatique provoque des symptômes d'une grande fréquence et d'une grande banalité : les maux de tête peuvent être intermittents ou continus, siègent au front ou à la nuque, ou bien sont unilatéraux et localisés à une moitié du crâne (migraines). Ils sont souvent accompagnés de nausées et de vomissements. Les vertiges ou sensations vertigineuses peuvent être matinaux ou permanents. Ils provoquent une instabilité à la marche avec impression de chute possible qui entretiennent un état d'insécurité chez ces malades.

On rattache parfois à l'insuffisance hépatique des névralgies, sans cause rhumatologique, qui réalisent des sciatiques, des névralgies cervico-brachiales, des névralgies intercostales.

Enfin, les troubles du sommeil sont fréquents sous forme d'une insomnie de la deuxième partie de la nuit avec agitation, manque de repos réparateur et épuisement matinal.

Les insuffisants hépatiques sont volontiers dépressifs, fatigués, geignards et d'ailleurs le terme de *mélancolie* qui caractérise ces états signifie « bile noire », ce qui en atteste bien l'origine hépatique.

Le foie est également l'organe de répartition du cholestérol, dont on connaît le rôle majeur dans l'apparition de l'artériosclérose. L'insuffisance hépatique se traduit souvent par des troubles du métabolisme du cholestérol, surtout en excès (hypercholesté-rolémie), dont les conséquences pathologiques sur le cœur et les artères peuvent être graves. Le cholesté-rol est apporté par l'alimentation, une partie est probablement fabriquée par la rate, il est éliminé par voie hépatique (sécrétion biliaire), cutanée (sueur) et respiratoire.

Les tableaux d'insuffisance hépatique, à la diffé-rence des atteintes organiques du foie et des voies biliaires, sont habituellement traités par des cholago-gues (médicaments qui favorisent l'élimination de la bile).

Le rire va effectuer un profond brassage hépatique et des voies biliaires par abaissement du diaphragme, il sera ainsi le meilleur des cholagogues et bien des symptômes classiquement liés à l'insuffisance hépati-que s'en trouveront améliorés. En outre, ce massage naturel du foie favorise l'élimination du cholestérol par les voies biliaires ; l'augmentation des échanges respiratoires dans le rire augmente l'élimination du cholestérol par les poumons et contribue à combattre l'artériosclérose.

Le pancréas, situé plus profondément dans l'abdo-men, bénéficie également de ce massage abdominal et il est vraisemblable que la sécrétion des sucs pancréatiques s'en trouve stimulée, régularisant ainsi la digestion.

La rate est un autre organe situé dans l'abdomen mais qui ne participe pas à la digestion. Sa fonction est plus particulièrement de constituer une réserve de sang mais c'est curieusement un organe qui a tou-jours été associé au rire. A la différence du foie, organe des hypocondriaques (l'hypocondre est la localisation anatomique du foie) où s'accumulent le chagrin et la tristesse, la rate se gonfle et se décontracte par le rire ! « Dilater la rate » signifie faire rire. La rate se décontracte par le rire en chassant les idées noires. Désopiler est une décompression et un rejet d'humeurs noires. Le langage, qui rejoint en cela les constatations physiologiques, nous indique qu'il faut savoir rire pour dégager son esprit et sa rate.

Rire et douleur

La douleur est un des symptômes pathologiques les plus fréquents. C'est un symptôme d'alerte qui prévient l'individu, qui attire l'attention de la conscience sur un désordre du corps. Les douleurs peuvent être extrêmement variées et de significations bien différentes, et chacun a pu ressentir sur lui-même des rages de dents, des maux de tête, des douleurs du dos et de la région lombaire sans parler de la douleur en coup de poignard de l'ulcère à l'estomac, de la douleur pathétique de la colique hépatique, de la douleur frénétique de la colique néphrétique, de la douleur oppressante et angoissante de l'angine de poitrine. Il n'est pas question de rire à priori de nos douleurs, elles peuvent être le premier signe d'une affection grave qui nécessite un geste médical urgent, c'est d'ailleurs un des motifs les plus fréquents de consultation médicale (plus de 60 %). La douleur est certes le signe qu'un organe souffre, et souvent le siège, le rythme, la nature de cette douleur permettent au médecin de faire le diagnostic et d'entreprendre le traitement nécessaire. Mais s'il existe des douleurs franchement pathologiques où le traitement étiologique (traitement de la cause) est indispensable, voire urgent, il existe bien d'autres états douloureux, plus ou moins chroniques, qui ne sont pas le signe d'un danger vital et où le traitement sera surtout symptomatique (médicament calmant la douleur).

Ces douleurs souvent désespérantes, migraines, douleurs musculaires, douleurs colitiques, peuvent bénéficier très largement du rire qui amènera à diminuer, éventuellement à supprimer les habituelles médications antalgiques dont certaines sont dangereuses ou toxiques. On sait par exemple que l'aspirine, prise régulièrement, est dangereuse pour l'estomac, créant parfois des ulcères, et provoquant des troubles de la coagulation du sang.

Le rire agit à court terme et à long terme sur la douleur par quatre mécanismes :

1) Le rire distrait l'attention : les douleurs et les maux sont intensifiés par l'attention qui leur est portée. On peut même obtenir un certain degré d'anesthésie en distrayant suffisamment l'attention. Quand une personne rit, elle ne prête que peu d'attention à ses douleurs, nous avons tous expérimenté ce point, et après avoir bien ri, même si l'on se concentre sur sa douleur, elle ne retrouve pas son intensité première. Il y a bien sûr d'autres moyens de distraire son attention à la douleur, Benchley disait : « Si vous avez mal, appelez un médecin, appelez trois médecins et faites un bridge ! »

2) Le rire réduit la tension musculaire. De nombreuses douleurs sont liées à la tension musculaire, en particulier beaucoup de maux de tête proviennent d'une contracture des muscles de la nuque, et les

101

contractures provoquant des dorsalgies et des lombalgies sont fréquentes.

Quand un organe est malade, il existe souvent une contracture des muscles situés dans la région de cet organe, ce qui augmente la douleur. C'est l'action du système parasympathique qui réduit la tension musculaire de façon durable et permet de faire disparaître bien des douleurs chroniques.

3) Le rire modifie l'attitude vis-à-vis de la douleur. La douleur est ressentie de façon très différente par les individus, c'est un phénomène surtout subjectif où interviennent la personnalité, la culture, l'environnement. Une attitude positive et optimiste envers la vie est souvent le fait d'un individu peu sujet à la douleur ou qui ne lui prête que peu d'attention.

4) Le rire augmente les productions de catécholamines et d'endorphines. Les endorphines existent à l'état naturel dans l'organisme, leur utilité est de diminuer la douleur, de donner plus de confort au sujet. Si le taux d'endorphines circulant augmente, la douleur diminue puis cesse. Le rire comme d'ailleurs la course à pied augmentent ce taux, ce qui explique la résistance à l'effort du coureur et même l'état d'euphorie (« high » du coureur) qui suit une course, état comparable à celui que l'on observe après une injection de drogue de type morphinique. Quand l'on rit, et après avoir ri, on ne souffre plus, on est bien, sans pour autant recourir à des psychotropes.

Les catécholamines (adrénaline et nor-adrénaline) jouent un rôle dans le processus inflammatoire, leur augmentation lutte contre l'inflammation, en particulier l'inflammation articulaire des états rhumatismaux. Là encore, le rire est un moyen naturel de rompre le cercle vicieux douleur-inflammation responsable de bon nombre de nos maux.

Enfin, les personnes souffrant de douleurs chroniques sont très souvent dépressives. La persistance de leurs douleurs les déprime car leur quotidien en est affecté (c'est particulièrement vrai pour les migraines et les dorsalgies). Le rire est le premier pas vers un état d'esprit optimiste, qui tout en diminuant les douleurs contribuera à redonner la joie de vivre, d'autant que les catécholamines agissent également sur l'humeur et ont des propriétés antidépressives indiscutables.

Rire et spasmophilie

La spasmophilie est une maladie métabolique caractérisée par une excitabilité anormalement forte des structures nerveuses et musculaires (hyperexcitabilité neuromusculaire). Les symptômes de la spasmophilie sont maintenant bien connus et associent fatigue intense, « coups de pompe », anxiété, insomnies de la deuxième partie de la nuit, maux de tête, pertes de connaissance complètes ou incomplètes, malaises et sensations vertigineuses, troubles digestifs, douleurs et contractures musculaires, états dépressifs réactionnels.

Les causes de la spasmophilie sont nombreuses mais l'on retrouve toujours la notion de terrain prédisposant (ce terrain spasmophile est présent chez 10 à 20 % de la population) et la notion de cause déclenchante qui peut être un stress physique (surmenage, maladie intercurrente) ou un stress psychique (deuil, situation conflictuelle, etc.).

Les mécanismes de la spasmophilie mettent en jeu des insuffisances d'apport en sels minéraux (magnésium, calcium), en vitamines (surtout vitamine D) ainsi que la production en excès d'adrénaline qui est à la fois responsable d'une partie des symptômes de la spasmophilie (anxiété, fatigue) et responsable de l'entretien des mécanismes de l'hyperexcitabilité neuromusculaire (cercle vicieux de la spasmophilie).

Les traitements habituels de la spasmophilie sont fondés sur un apport de sels minéraux et de vitamine D, des médicaments décontractants, et des médicaments antiadrénaline (bêta-bloquants).

J'ai indiqué au début de ce livre que le mécanisme de production des symptômes de la spasmophilie peut être considéré comme le retournement du mécanisme de production des effets physiques et psychiques du rire et c'est ce qui explique que le rire, exercice physique et mental, puisse jouer un rôle dans la prévention mais aussi dans le traitement des états spasmophiles.

Comme dans le cas du stress, le rire interviendra en libérant les tensions nerveuses et psychiques. Dans ses diverses manifestations le rire met en branle un système complexe dont le rôle est précisément de mettre en relation les divers étages du système nerveux central les uns avec les autres. C'est un moyen de provoquer un orage bienfaisant entre le cortex conscient et les régions sous-corticales qui à la fois contrôlent les émotions et sont sujettes aux dérèglements provoqués par les stress chroniques. C'est une façon saine et naturelle de « secouer » la machine, de déconnecter les pensées et les soucis que l'on rumine des zones sous-corticales responsables des mécanismes symptomatiques périphériques.

Mais en même temps la relaxation périphérique qui est provoquée par le rire, au niveau musculaire, au niveau cardiaque, au niveau des vaisseaux, va combattre l'hyperexcitabilité neuromusculaire.

Il est difficile de tenir un crayon quand on rit, mais il est tout aussi difficile, ou impossible, de contracter les muscles de la nuque ou ceux de la région lombaire, c'est ainsi que s'améliorent ou disparaissent certains maux de tête et certaines sciatiques.

La spasmophilie est une affection souvent décourageante précisément parce que ses symptômes sont entretenus par de nombreux cercles vicieux qui ne demandent qu'à se reformer. Les malades sont souvent déprimés, non parce qu'ils seraient d'authentiques dépressifs, mais parce que, à la longue, leur état les désespère et les déprime, ce sont des dépressions secondaires. Le rire va mécaniquement combattre les symptômes périphériques de la spasmophilie mais il va aussi chimiquement combattre les symptômes centraux d'anxiété et de dépression. Il ne faut pas oublier que si les catécholamines sont les hormones du stress et de l'anxiété, elles sont aussi les hormones de l'éveil. Le rire va les faire sécréter et utiliser à bon escient dans sa première phase d'attention, ce qui va d'une certaine façon purger l'organisme. Cette purge, cette décharge rendra difficile aux mécanismes du stress de se reproduire d'autant qu'il existe secondairement une longue phase de relaxation à dominante parasympathique. Le langage vient une fois de plus nous éclairer, *spasmophile* signifie « affinité pour les spasmes », mais le rire est un autre spasme, un spasme bienfaisant, libérateur et tonifiant, le rire est ce bon spasme que les Grecs nommaient *gelos* et l'on peut imaginer que nos spasmophiles pourront bientôt être « gélophiles ».

Rire et stress

Le stress est la « réponse biologique, non spécifique de l'organisme à toute demande qui lui est faite ».

En définissant ainsi le stress, le professeur Selye, père de cette notion dans les années trente, postule que toute émotion, au sens large, bonne ou mauvaise, entraîne sur l'organisme une réponse similaire, biologique et hormonale qui est responsable de modifications au niveau des différents organes qui assurent l'adaptation. Cette réponse peut être adaptée aux possibilités de l'organisme ou au contraire dépasser ces possibilités d'adaptation de l'organisme. En cas d'accumulation de facteurs de stress se produit un ensemble de manifestations biologiques et fonctionnelles, connues sous le nom d'« état de stress » et qui correspond à la réponse excessive et continue de l'organisme à la demande d'adaptation qui lui est faite. Cet état de stress est ressenti comme un état de fatigue et d'épuisement, de lassitude et de tension nerveuse qui associe un grand nombre de symptômes bien connus.

Un modèle des réponses neurovégétatives et biochimiques de l'organisme au stress est constitué par ce qui se passe en cas de peur brutale. Une situation de danger immédiat appelle une réaction en chaîne de l'organisme, à partir du cerveau, pour mettre le corps en état d'alerte, prêt à se battre ou à fuir. La séquence commence habituellement quand les yeux voient ce que le cerveau interprète comme une menace. L'idée de cette menace est intégrée au niveau du cerveau conscient et relayée jusqu'au système limbique (centre des émotions). L'hypothalamus envoie par l'intermédiaire du CRF un signal à la partie antérieure de l'hypophyse (glande à sécrétion interne située à la base du cerveau). Le lobe antérieur de l'hypophyse réagit en augmentant sa production d'ACTH (hormone corticotrope) qui par voie sanguine va stimuler les glandes surrénales et augmenter la production d'adrénaline et de noradrénaline. Les résultats sont rapides et impressionnants, le système sympathique devient prédominant sur le système parasympathique, les organes d'agression et de défense sont irrigués et oxygénés en priorité. Le cœur travaille plus fort et plus vite, les vaisseaux qui alimentent la peau et l'appareil digestif se contractent, ce qui retarde la digestion et fait pâlir la peau. S'il se produisait une plaie, il y aurait moins de sang et la coagulation serait plus rapide. En même temps, le foie libère ses réserves de sucre pour nourrir le cerveau et les muscles. L'apport d'oxygène est augmenté, la respiration est plus forte et plus ample, les muscles se tendent, les pupilles se dilatent, la bouche devient sèche, la sécrétion de salive diminue, la transpiration augmente pour rafraîchir le corps en vue de la violente activité qu'il aura à fournir, les cheveux vont jusqu'à se dresser sur la tête (souvenir sans doute des espèces primitives qui terrorisaient ainsi l'adversaire !).

La mise en alerte de l'organisme dans la situation de peur contribue à la défense de l'espèce mais cette situation ne doit pas se prolonger.

En effet, si le stress constitue une réponse normale, la prolongation ou la répétition des stress sont hautement pathologiques et contribuent à épuiser l'individu.

Il y a des situations de stress qui durent des jours, des semaines, des mois et dont on n'a pas nécessairement conscience en tant que stress. C'est le cas, par exemple, des situations conflictuelles familiales ou professionnelles, des deuils, des chocs affectifs, etc. La tension constante engendrée par ces situations crée un état de stress chronique où le système limbique, l'hypothalamus sont constamment sollicités et activés entraînant une hypersécrétion chronique d'ACTH et d'adrénaline ; à la longue, nos mécanismes d'adaptation et de défense finissent par se dérégler et par fonctionner d'une façon anormale entraînant les maladies du stress : infarctus du myocarde, hypertension artérielle, ulcère du duodénum ou de l'estomac.

Le rire est un puissant antistress ; non seulement il rétablit la balance entre le système sympathique et le système parasympathique, mais mieux, il fait pencher cette balance vers le système parasympathique en provoquant le ralentissement du cœur, le relâchement des vaisseaux et la détente musculaire.

Rire et sommeil

Tous les insomniaques ont parfois eu la surprise de connaître une bonne nuit de sommeil après avoir passé une soirée particulièrement agréable à rire et à se divertir. Il est intéressant de considérer les rapports qui existent entre les mécanismes physiologiques du rire et ceux du sommeil pour essayer de répondre à la question : peut-on rire pour dormir ?

La vie psychique est continue, la phase d'éveil se prolonge par la phase de sommeil ; l'alternance veille-sommeil est évidente mais il ne s'agit pas d'états psychiques radicalement coupés l'un de l'autre, et en particulier l'activité du rêve qui caractérise le sommeil pose le problème du niveau de l'état de conscience. Le sommeil est un sujet d'étude d'une grande actualité au centre des recherches en psychoneuropharmacologie. L'état de veille est interrompu de façon cyclique par le sommeil, mais le sommeil n'est pas un tout, et l'enregistrement électroencéphalographique a prouvé qu'il existe des cycles et des phases du sommeil : cycles d'une durée de 90 à 100 minutes, phases d'assoupissement léger, moyen, profond, phases de sommeil électroencéphalographiquement lent, à son tour léger, moyen et profond, et enfin phases de sommeil paradoxal où existent des mouvements oculaires (PMO) d'une activité électroencéphalographique rapide et qui correspondent aux rêves.

Le système d'éveil est lié anatomiquement à la substance réticulée activatrice ascendante (SRAA) qui se situe dans le tronc cérébral et est prolongée par le thalamus et l'hypothalamus. Le sommeil correspond physiologiquement à une suspension de l'activité au niveau de la SRAA, qui est remplacée par une activité complémentaire prenant naissance dans des structures anatomiques différentes. Le sommeil à ondes cérébrales lentes, d'installation progressive, en continuité avec l'état de veille constitue 70 à 80 % de la durée du sommeil. Les différents auteurs ne sont pas d'accord sur l'origine de l'inhibition de la SRAA qui serait corticale, sous-corticale ou bulbaire.

Le sommeil paradoxal à ondes cérébrales rapides correspond à 20 ou 30 % de la durée du sommeil, c'est une activité générale du cerveau qui s'accompagne d'une relaxation musculaire complète. L'origine de l'inhibition de la SRAA, qui provoque le sommeil paradoxal, serait selon Jouvet dans le locus coeruleus relié au système limbique responsable de l'hypotonie musculaire.

Sur le plan chimique : le système du sommeil dépend de la sérotonine qui contrôle l'endormissement et le sommeil lent. Le système d'éveil est sous la dépendance de la nor-adrénaline et de la dopamine. Les mécanismes d'éveil et de sommeil se complètent, le système à nor-adrénaline est responsable des phases de sommeil rapides avec activité onirique prédominante.

Le sommeil a une fonction normale de protection du système nerveux et de la personnalité, protection contre la fatigue résultant de l'état de veille et protection contre les stimuli nocifs ou désagréables. Le sommeil nous est nécessaire pour nous reposer, pour éviter le déplaisir, c'est pour cette dernière raison que le sommeil peut être déréglé par des causes conflictuelles.

Les insomnies sont d'une extrême fréquence, il s'agit d'une diminution du temps de sommeil global nécessaire à un individu donné (temps variable d'un sujet à l'autre, 6, 8 ou 10 heures par 24 heures), accompagnée de gêne subjective, fatigue, voire troubles digestifs et amaigrissement. L'insomniaque se plaint de ne pas éprouver de sommeil réparateur, témoin d'un bon équilibre vital, général.

Le rire agit sur le sommeil, améliore ou supprime l'insomnie car il épuise la tension interne. Après une soirée passée à rire, au spectacle par exemple, ou avec des amis, le sommeil sera rapide, profond et durable, le système adrénergique d'éveil stimulé fortement par le rire devra récupérer et laisser place à la sérotonine du système du sommeil ; en outre, les muscles seront déjà, après le rire, dans l'état de détente et de relaxation qui caractérise le sommeil. Tout cela facilite le passage de l'état de veille à celui de sommeil, sans oublier que la détente psychique empêche les ruminations qui bien souvent entretiennent les insomnies.

Rire et sexualité

Le déroulement du rire est un équivalent du déroulement de l'acte sexuel. On peut décrire les phénomènes physiologiques qui surviennent dans l'un et l'autre cas pratiquement dans les mêmes termes et ils mettent en jeu des structures nerveuses proches C'est pourquoi nous verrons que le rire peut

111

être utile dans le traitement de certains troubles de la fonction érotique sous forme d'une véritable rééducation.

La sexualité humaine a une fonction biologique de reproduction qui concourt à la conservation de l'espèce et que je ne traiterai pas ici, pour me pencher surtout sur la fonction de plaisir, satisfaction d'un désir qui culmine dans la phase de l'orgasme.

L'acte sexuel, sous le contrôle du système nerveux et du système endocrinien, comprend plusieurs phases. Le désir, partant d'une pulsion (libido), est souvent latent mais surgit au cours d'excitations érotiques appropriées ; il est suivi par une phase préparatoire (précopulatoire) où se produit l'érection du pénis chez l'homme, du clitoris et des autres organes érectiles chez la femme, érection accompagnée de l'activité des glandes annexes de l'urètre ou du vagin. Le déclenchement de cette phase préparatoire s'opère sous l'influence d'excitations psychiques (représentations mentales érotiques) et sensorielles (visuelles, tactiles, olfactives).

La phase en plateau (copulatoire) est une vaso-constriction généralisée associée à une tension musculaire qui gagne tout le corps. L'intromission est rendue possible par la persistance des phénomènes créés lors de la première phase : érection, phénomènes sécrétoires. Cette phase est une phase de tension voluptueuse croissante. La phase orgastique chez l'homme est marquée par la réaction éjaculatoire qui en est le paroxysme et le terme ; chez la femme correspond à l'éjaculation un vaste mouvement qui affecte les muscles et ligaments pelviens, les trompes et l'utérus. La phase orgastique est marquée chez les deux sexes par un relâchement de la vaso-constriction et de la tension musculaire.

Du sommet des réactions orgastiques, l'homme et la femme passent à la phase résolutoire. Chez l'homme, cette phase est réfractaire (pendant un temps variable, dépendant de l'âge, de l'individu, de la participation de la partenaire, la réalisation d'un nouveau coït est impossible). Chez les femmes, par contre, il n'y a pas de réaction réfractaire et les orgasmes peuvent se succéder.

La commande nerveuse de l'acte sexuel met en jeu les centres corticaux qui harmonisent et sélectionnent les stimuli érogènes, les centres hypothalamiques (système limbique) où sont intégrés les stimuli qui commandent l'acte sexuel et le système nerveux autonome où l'influence du parasympathique prédomine nettement et met en action la relaxation et la dilatation des vaisseaux sanguins.

Nous reconnaissons dans la description des phases de l'acte sexuel des phases qui nous sont familières dans le rire, préparation, montée, attente, explosion, relaxation et également l'intervention des mécanismes associatifs corticaux et sous-corticaux ainsi que l'influence du système nerveux autonome. Le déroulement normal et harmonieux de l'acte sexuel peut connaître de nombreuses perturbations dont les plus fréquentes sont l'impuissance et la frigidité. Cette impossibilité d'obtenir un orgasme, chez l'homme comme chez la femme, a des conséquences graves tant sur le plan personnel que relationnel. Les impuissances et frigidités ont rarement des causes organiques (neurologiques, vasculaires ou endocriniennes) mais le plus souvent des causes psychiques dues à l'absence de libido, à l'anxiété, à l'hyperémotivité, à l'hyperexcitabilité neuromusculaire.

L'insuffisance de fonctionnement parasympathique est retrouvée dans ces impuissances masculines et féminines ; elle entraîne un fonctionnement compensateur du système sympathique qui est spasmant et angoissant ; le cœur s'accélère, accompagné d'une émotivité qui, chez l'homme, exagère l'état déprimé du pénis, chez la femme contracte les artères des organes génitaux. L'attitude musculaire respiratoire aggrave les choses, l'immobilisation du diaphragme favorise la domination du sympathique contracteur qui augmente l'adrénaline et gêne la dilatation sexuelle. Au contraire, une expiration profonde favoriserait l'action parasympathique en supprimant l'angoisse et en provoquant la dilatation des artères génitales (W. Reich).

Le rire est un mode majeur de rééducation de la fonction sexuelle, tout d'abord parce qu'il est de constatation banale que les stimulations agréables et les bons repas, les plaisanteries prédisposent au désir de rapprochement des amoureux, mais surtout parce que le rire reproduit les phases successives de l'acte sexuel. En les reproduisant, il réhabitue l'organisme au fonctionnement harmonieux de ses centres émotionnels et de son système nerveux autonome. Comme le rire, la sexualité concerne l'être humain dans sa totalité, qui sait rire peut faire rire, qui fait rire séduit et qui séduit est prêt pour des plaisirs érotiques sans complexes.

Rire et longévité

Il existe des relations étroites entre le rire et la durée de la vie. Le vieillissement est dû à des causes multiples, dont la principale est un dessèchement des cellules de l'organisme qui n'éliminent plus les toxines qui s'accumulent dans les tissus. L'activité des cellules diminue, elles sont envahies de tissu conjonctif et deviennent plus fragiles. Elles n'assimilent plus ou mal les produits du milieu intérieur, leur équilibre physio-chimique s'altère. L'appareil respiratoire diminue sa consommation d'oxygène par réduction des mouvements thoraciques. La fonction d'élimination des reins se ralentit, les organes sexuels cessent peu à peu leurs sécrétions hormonales, le système cardio-vasculaire diminue son activité, les fonctions cérébrales se sclérosent. A côté de cette extinction progressive d'un organisme fatigué, comme une bougie qui s'éteint à la fin de sa combustion, existent de nombreuses maladies qui raccourcissent parfois dramatiquement l'espérance de vie. Les maladies cardio-vasculaires et leurs conséquences constituent actuellement en Occident la principale cause de décès précoce, la seconde cause est représentée par les cancers. Nous allons voir que dans ces deux types d'affections le rire peut avoir des effets non négligeables.

Les principaux facteurs de risque entraînant les infarctus du myocarde ont été identifiés, il s'agit du tabac, de l'obésité, du diabète, de l'hypertension artérielle, de l'hypercholestérolémie, du stress et du

115

manque d'exercice physique. Le rire est une arme antistress, le rire fait baisser la tension artérielle.

Nous savons d'ailleurs qu'il existe deux types de personnalités : le type « A », caractérisé par le sérieux, l'agressivité, l'exposition au stress, l'impatience, l'activité débordante, et le type « B », chez qui le sens de l'humour permet de réduire la colère, l'anxiété et l'agressivité. Le goût du rire, le plaisir du rire caractérise le type « B » et faire rire les individus du type « A » peut contribuer à leur apprendre les qualités du groupe « B ».

Il est certain que le stress favorise et accélère le vieillissement, Selye disait : « Le stress est l'équivalent d'un phénomène d'usure de l'organisme. » Le rire est une façon de dominer ses tensions, de prendre plaisir à son travail, d'équilibrer son activité entre sport, obligations professionnelles, loisirs, vie affective et donc de vivre mieux et plus longtemps que ceux qui ne connaissent que frustrations et contraintes.

Si le stress est à l'origine de manifestations pathologiques telles que ulcères à l'estomac ou infarctus du myocarde, joue-t-il un rôle dans l'apparition des cancers ? Les médecins connaissent de nombreux exemples de cancers apparus après un deuil, un divorce, un licenciement ou une mise à la retraite, mais le rapport que l'on fait consciemment ou inconsciemment entre ces agressions psychologiques et l'apparition d'états cancéreux n'a jamais été prouvé, bien que l'on commence à l'étudier de façon rigoureuse.

On peut penser que l'association stress-cancer,

souvent retrouvée, n'est pas due au hasard mais les preuves scientifiques manquent encore.

Si l'on veut bien se contenter de quelques arguments statistiques actuellement disponibles et de quelques données expérimentales recueillies sur des souris, il semble bien cependant que l'expression de l'agressivité semble jouer un rôle protecteur vis-à-vis des cancers, que la violence subie est un facteur favorisant, que la violence exprimée est un facteur retardant. Dans l'espèce humaine, les statistiques montrent qu'un cancer est souvent détecté dans les 6 à 12 mois suivant un traumatisme existentiel (deuil, séparation, rupture, chômage, perte d'argent) et pour certains la répression de la capacité d'exprimer son hostilité favoriserait l'éclosion d'un état cancéreux.

De telles hypothèses n'ont pas de bases expérimentales, mais puisque, de toute manière, l'origine des cancers est encore inconnue, rien n'empêche d'en tenir compte. Dans cette optique le rire facteur de libération, d'expulsion, façon aussi d'exprimer son agressivité, thérapeutique antistress, a vraisemblablement un rôle protecteur vis-à-vis des états cancéreux et est un argument de plus pour rendre compte de la longévité accrue des rieurs. De toute manière, même si le rire n'augmentait pas nécessairement la durée de la vie, il augmente indiscutablement la qualité de la vie.

VIII.

VOLONTÉ DE GUÉRIR
De la relation médecin/malade
à l'effet placebo

La médecine est une chose sérieuse. Dans le cabinet médical, lieu clos où le malade se retrouve face au médecin, fini de rire ; rencontre finalement incongrue entre des symptômes et des angoisses d'une part, une technicité, une disponibilité, une écoute de l'autre. Le cabinet médical est la table de dissection, chère à Lautréamont, où se rencontrent deux entités inconciliables. Et pourtant, dans la plupart des cas, il se passera quelque chose, il s'établira cette fameuse relation médecin-malade qui fera que l'un pourra soigner l'autre. Que l'on veuille bien y penser, le premier rendez-vous avec un médecin est un rendez-vous aveugle, la rencontre de deux personnes qui ne se sont jamais vues. Si tout se passe bien, le malade parlera à un inconnu, de lui, de sa famille, de son travail, de problèmes intimes également, bien sûr, des symptômes qui le préoccupent, tout cela parce que le médecin saura inspirer confiance. Dans le rituel chrétien de la confession, on ne voit pas l'interlocuteur, le prêtre est là, caché, il est une oreille symbolique. Dans le rituel de la psychanalyse, l'analyste est derrière le sujet, hors de vue, silencieux, il écoute un discours qui met parfois longtemps à se libérer et à s'établir. La relation médecin-malade est différente, c'est une relation face-à-face avec questions et réponses où l'on va dire ce que l'on a à dire. Problème supplémentaire, tout va se passer assez vite ; par nécessité pratique, parce que les médecins ont souvent des horaires chargés, mais aussi par nécessité interne, la relation médecin-malade s'établit assez vite ou pas du tout.

Balint, célèbre pour ses recherches sur ce sujet, estime qu'une relation empathique (de confiance réciproque) entre le médecin et son consultant doit s'établir en sept minutes en moyenne. C'est une vérité profonde, la relation médecin-malade tient du « coup de foudre », ou, plus précisément, c'est une relation où entrent en jeu de nombreux facteurs émotionnels à côté de facteurs purement intellectuels et utilitaires. Ce sont des facteurs émotionnels qui permettront à une relation de confiance de s'établir rapidement, ce sont des facteurs émotionnels qui interviendront dans l'action des médicaments, ce sont des facteurs émotionnels qui interviendront dans la guérison.

C'est dans cette articulation entre les actes techniques que constituent la consultation et le traitement, et les actes émotionnels que constituent cette même consultation et ce même traitement que se situent les rapports profonds entre médecine, optimisme et rire que je veux examiner maintenant.

Le docteur Schweitzer déclarait que le secret

médical le mieux gardé depuis Hippocrate était la façon dont les médecins guérissent. Il expliquait que les raisons du succès d'un médecin sont les mêmes que les raisons du succès d'un sorcier. « Tout malade porte son médecin à l'intérieur de lui-même. Il vient consulter le médecin, ou le sorcier, parce qu'il ignore cette vérité. Ce que nous faisons de mieux, c'est donner une chance d'agir au médecin qui réside à l'intérieur de chacun. »

Le premier travail du médecin est de discerner quel malade aura besoin d'une intervention technique énergique, pour quel malade il faudra mobiliser à temps toutes les ressources des équipements scientifiques de la médecine moderne. C'est là qu'interviennent les connaissances techniques du médecin, son jugement, son expérience, ses qualités de diagnosticien. C'est la partie proprement scientifique de la médecine. Les authentiques désordres pathologiques nécessitant une thérapeutique médicale lourde, souvent coûteuse, des installations médico-chirurgicales spécialisées ne représentent que 10 à 20 % des malades consultant un médecin.

Toutes les études s'accordent sur ces pourcentages. Le médecin doit avant tout être un homme de science, un praticien, un technicien pour reconnaître ces 10 à 20 % de malades qui nécessitent un geste thérapeutique rapide, énergique et spécifique. Mais le médecin doit aussi reconnaître et discerner qui sont les 80 à 90 % de malades restants, ces malades pour qui le traitement sera, avant tout, de permettre au « médecin qui est à l'intérieur de chacun » d'agir.

Le médecin qui est à l'intérieur de chacun est le système émotionnel, le système limbique ; c'est lui

121

qui rend malade, c'est lui qui guérit. Tout ce qui agira sur le système limbique sera utile à la guérison, ce seront le médecin lui-même, la relation médecin-malade, le médicament, le placebo, le rire...

Il s'agit là simplement de moyens différents mais à la limite équivalents de régler ce véritable thermostat ou thymostat (thymie = humeur) que représente le cerveau émotionnel. Au médecin de choisir la technique qui lui paraît la plus efficace et la plus utile pour son malade ; au malade de suivre telle ou telle prescription ou conseil.

J'estime que 80 % des malades, c'est-à-dire des personnes qui consultent un médecin, présentent des maladies qui sont un ensemble de symptômes lié à un dérèglement physiologique réversible de tout ou partie de l'organisme. Ce déséquilibre physiologique correspond à des microlésions organiques et/ou à des troubles métaboliques. L'expression des symptômes est souvent caractéristique de la personnalité et du terrain du sujet. A l'origine de ces désordres existe une interaction variable entre les facteurs pathologiques exogènes et une prédisposition psychologique et physiologique individuelle. La définition ci-dessus qui est celle de la pathologie et de la médecine fonctionnelle rend compte d'un grand nombre de manifestations pathologiques qui touchent l'appareil cardio-vasculaire, l'appareil digestif, l'état général, le comportement psychique global.

Il ne faut également pas oublier que, dans près du tiers des cas, ces désordres physiologiques réversibles évolueront, s'ils sont négligés, avec une pathologie constituée, véritablement organique, nécessitant une thérapeutique lourde et mettant parfois en danger la vie du sujet.

Toute l'importance quantitative et qualitative de l'approche médicale de la pathologie fonctionnelle découle de ces faits :

1) Pour des raisons évidentes d'efficacité thérapeutique, de coût social, le médecin doit discerner dès l'abord quel malade sera justiciable d'un traitement spécialisé et quel malade il soignera en permettant en réalité au « médecin qui est en lui » d'agir.

2) Le médecin doit soigner cette pathologie dite fonctionnelle à la fois pour soulager ses malades et pour éviter la transformation en une pathologie véritablement organique.

3) Même en cas de pathologie organique constituée, le médecin ne doit pas oublier l'aide à la guérison importante et parfois indispensable que peut apporter le « médecin qui est en nous ».

Je vais maintenant pouvoir parler plus en détail de ce « médecin qui est en nous », décrire les différents noms qu'on lui donne, les différents masques qu'il prend, les différentes personnalités dont il se vêt et surtout les différentes façons de le faire fonctionner, de le mettre au travail.

C'est au niveau de la chimie des émotions, de la neurobiochimie du système limbique que se mettent en branle les mécanismes producteurs de symptômes pathologiques. Plus exactement, il existe un relais limbique, un passage obligatoire par les centres de l'émotion et du contrôle neurovégétatif pour tout mécanisme pathologique, quel que soit son mode d'expression symptomatique et quelle que soit la nature de son origine. Le système limbique, les neurotransmetteurs, les neuromodulateurs régulent l'activité normale de l'organisme. Leurs troubles accompagnent toutes les manifestations symptomatiques pathologiques. Le « médecin qui est en nous » agit en rééquilibrant l'ensemble de ce système. Les « vrais » médicaments prescrits par le médecin, les « faux » médicaments (placebo, du latin : je plairai), le médecin lui-même au travers de la relation médecin-malade, l'optimisme et le rire, tous ces facteurs de guérison agissent de la même façon, en augmentant la production d'endorphines cérébrales, en rééquilibrant le système limbique. Ces différents facteurs de guérison ne sont que le même « médicament » avec des modes d'apport bien différents, mais qui concourent au même but : faire travailler le médecin qui est en nous. Cette vision globale des choses de la santé et de la guérison permet d'expliquer bien des mystères médicaux et de comprendre les vertus positives du rire pour la santé. C'est en analysant plus en détail le problème de l' « effet placebo » que se précisera le lien entre ces faits en apparence disparates.

La notion de placebo est ancienne en médecine, le placebo est un faux médicament, dont l'action est efficace, alors qu'il est totalement inefficace en tant que médicament sur la maladie. Le placebo a été longtemps mal vu en médecine, car il évoque la fausseté, ou encore un remède prescrit pour plaire au malade, un tour de passe-passe médical.

Cette déplaisante réputation du placebo est très injuste ; bien au contraire, le placebo soulève des problèmes passionnants, apporte des réponses originales, et d'ailleurs nous verrons que toute l'histoire de la médecine est liée à celle de l'effet placebo.

Car il faut distinguer le placebo, faux médicament, de l'effet placebo qui est un effet réel favorable sur la santé, et, lui, parfaitement vrai. (L'effet peut aussi être défavorable, nous le verrons, et l'on parle alors d'effet nocebo.) Apparemment, c'est la simple croyance dans l'efficacité d'une intervention ou d'un remède qui a le pouvoir d'apaiser la douleur et de favoriser la guérison. Mais on a trouvé des explications rationnelles au mode d'action des placebos, on a compris les mécanismes fondamentaux de l'effet placebo qui active la production des endorphines cérébrales. Une expérience célèbre a permis de prouver ce mécanisme : une équipe de volontaires a subi l'arrachage de ses dents de sagesse et s'attendait donc à souffrir le martyre. On prévient ces patients que l'on va leur injecter un puissant analgésique (médicament antidouleur). En fait, à la moitié des malades, on injecte de la morphine (antalgique majeur) et à l'autre moitié, du sérum physiologique (en principe inactif), sans, bien entendu, avertir les patients.

Or, dans la même proportion pour les deux cas — un tiers environ —, les malades estiment que la douleur diminue rapidement. Si maintenant on injecte de la naxolone — produit qui bloque les récepteurs morphiniques de l'organisme — aux malades ayant reçu du sérum physiologique, l'effet calmant est interrompu. Cette expérience prouve que l'effet placebo relève de la biochimie cérébrale, que l'arrêt de la douleur après une injection de sérum physiologique est dû à l'activité accrue des neuromodulateurs. Cette découverte spectaculaire et d'autres expériences par la suite expliquent comment les placebos peuvent modifier la tension, changer le rythme cardiaque et respiratoire, la température du corps, influencer la digestion, affecter indirectement le taux des glucides et des lipides sanguins, modifier le nombre de certains types de globules blancs du sang. Tous les symptômes des affections dites fonctionnelles, symptômes parfois bénins mais souvent gênants, peuvent être calmés ou guéris par les placebos. L'effet placebo explique également que des traitements en grande partie inopérants — et jusqu'à la fin du XIXe siècle, la médecine ne disposait en réalité que de traitements inopérants — améliorent la santé des patients. *Quelque chose* dans la médecine joue un rôle curatif : le professeur Portos rappelle dans une communication récente aux Entretiens de Bichat que les patients présentant une angine de poitrine répondaient favorablement, pour 82 % d'entre eux, à des médications successives utilisées de 1929 à 1959, dont l'efficacité était uniquement liée à l'effet placebo.

C'est en 1955 que l'on a commencé à évaluer scientifiquement l'efficacité des nouveaux remèdes en les comparant aux placebos par la technique dite du « double aveugle ». Le médecin ne savait pas qu'il prescrivait un placebo et le malade ne savait pas qu'il en recevait un ! De nombreux médicaments (plus de six cents) furent alors retirés du marché car ils n'étaient pas plus efficaces que des placebos. Or ces médicaments avaient été prescrits avec succès des années durant par les médecins. L'enthousiasme du prescripteur, sa science médicale, la qualité de son

126

diagnostic expliquent ces résultats étonnants. Le succès expérimental du placebo est habituellement de un tiers des cas, quel que soit le médecin prescripteur ; ce pourcentage augmente largement si le médecin est convaincu de l'efficacité du traitement.

La compréhension des mécanismes de l'effet placebo pose cependant beaucoup de questions. Par exemple, il n'y a pas de prédictabilité de l'effet placebo, c'est-à-dire qu'on ne peut pas savoir à l'avance quel type d'individu y répondra. Il n'y a pas de profil psychologique spécifique du sujet répondant à l'effet placebo.

En particulier les personnalités hystériques, suggestibles, ne sont pas particulièrement sensibles au placebo, contrairement à ce que l'on pourrait attendre. Ce fait est très important et prouve qu'il s'agit bien d'un mécanisme biologique et non d'une vague psychothérapie. Nous le retrouverons en parlant de la relation médecin-malade qui est une relation de confiance fondée sur le corps qui va bien au-delà de la simple suggestibilité.

Le placebo pose également un problème moral : sa prescription est-elle une manipulation et une duperie, risque-t-elle de faire perdre confiance en un remède véritablement digne de foi ? Il ne s'agit pas, en fait, de tromper le patient, même pour son bien, car il y a l'intention pour le médecin d'aider son malade. Je rappelle d'ailleurs qu'il est habituel dans la pratique médicale française de cacher à un patient l'existence d'une éventuelle maladie très grave, cancer par exemple, en estimant que cette ignorance peut aider à la guérison par le maintien de l'espoir. L'attitude américaine, qui est de tout dire au malade, est en cela différente et provoque parfois un accablement qui hâte la mort. Mais une telle révélation, chez un autre sujet, peut déclencher au contraire une volonté farouche de s'en tirer et de survivre, véritable sursaut de l'organisme qui explique des guérisons apparemment miraculeuses dues à une stimulation de l'immunité d'origine cérébrale. C'est à mon sens au médecin, et à lui seul, en fonction de chaque cas particulier, de décider ce qu'il devra dire ou ne pas dire. Dans le cadre du problème de la « duperie » on peut aussi faire remarquer qu'une étude américaine, pratiquée chez des patients anxieux, a montré que des améliorations interviennent, même quand les malades apprennent qu'on leur donne des placebos pharmacologiquement inefficaces.

Les médicaments modernes sont actifs dans tous les domaines de la pathologie, la part de leur éventuel effet placebo est évaluée et testée scientifiquement et il est bien entendu plus satisfaisant pour l'esprit et les résultats thérapeutiques de les utiliser.

Mais il ne faut pas oublier qu'il n'y a pas de traitement véritablement actif qui ne soit responsable d'effets secondaires indésirables. Ces effets secondaires peuvent parfois être graves, entraînant une pathologie autonome dite iatrogène, c'est-à-dire pathologie créée par le médicament et le médecin. Des statistiques fiables recensent, en milieu hospitalier, 15 à 20 % de pathologie iatrogène, ce qui donne à réfléchir et rend souhaitable de n'utiliser les médicaments lourds que s'ils sont indispensables. On n'écrase pas une mouche avec un marteau-pilon.

De toute manière, toute prescription s'inscrit dans la relation médecin-malade et à travers cette relation aucun médicament n'échappe à l'effet placebo. La relation médecin-malade va nous prouver que, quel que soit le médicament prescrit, le médicament c'est le médecin. Le rituel de l'ordonnance fait partie de l'acte médical, mais il n'en est que la conclusion, la prolongation, la manière pour le malade d'emporter un peu de son médecin avec lui.

L'ordonnance, le traitement ne seront efficaces qu'à trois conditions. La première, et sans doute la plus importante, est que se soit établie une relation médecin-malade empathique ; la seconde, également très importante, est que le diagnostic du médecin soit bon, qu'il ait parfaitement évalué l'état de santé de son patient, qu'il ait compris les ressorts physiques et psychiques de son affection, qu'il n'ait pas méconnu une atteinte organique grave nécessitant des gestes thérapeutiques urgents et spécifiques ; la troisième est que le traitement proposé soit actif et raisonnable. Actif signifie agir au plus vite sur des symptômes gênants et rétablir un équilibre détruit ou menacé ; raisonnable, cela signifie un traitement qui n'ait pas plus d'inconvénients que d'avantages, un traitement qui ne soit pas iatrogène, un traitement qui permettra au médecin qui est en nous de se manifester.

Je reviens sur la relation médecin-malade. C'est une relation très originale où l'amitié, l'amour, l'affection, l'intelligence, l'admiration, la raison même n'ont pas grand-chose à voir. C'est la relation thérapeutique qui est une relation empathique, comme le dit Balint, c'est-à-dire une forme de la connaissance réciproque de soi et de l'autre. Le malade communique avec son médecin, mais aussi le connaît ; le médecin communique avec son malade et le connaît. Le malade apportera dans cette relation ses symptômes, son angoisse, sa personnalité et aussi sa confiance. Le médecin doit apporter compétence, disponibilité, écoute ouverte dépourvue de jugement moral, et doit également faire confiance au malade. C'est dire qu'il s'agit d'une relation complexe, difficile à établir, d'autant qu'il faut souvent faire vite, parfois également difficile à sauvegarder car le malade veut des résultats rapides que le médecin n'est pas toujours en mesure de lui assurer.

Cette relation s'établit à travers le symptôme, c'est-à-dire le corps ; ce n'est ni une communication intellectuelle, ni une psychothérapie car la verbalisation des symptômes n'a jamais suffi à les faire disparaître. Cette relation répond à une demande de la part du patient, demande de mieux-être, de guérison, de santé.

Le patient demande au médecin qui sait manipuler les techniques de la guérison à être débarrassé de quelque chose de gênant. Le médecin ne doit jamais oublier cette demande de la part de son malade, c'est pourquoi les techniques psychanalytiques qui fondent la relation sur la frustration permanente du patient sont très différentes de la relation thérapeutique. Il est indiscutable que le patient investit son médecin du pouvoir de le guérir. Le médecin doit être conscient de ce pouvoir, sans fausse honte ni mauvaise conscience, il doit l'accepter et savoir en user, sans laxisme et sans mépris du malade. C'est une tâche bien délicate où il faut savoir user de l'autorité sans trahir la confiance. Cette position du médecin peut être difficile à accepter d'autant qu'elle comporte des servitudes. Car le médecin est aussi le bouc émissaire, celui sur lequel on va déverser ses symptômes, à charge pour lui de les faire disparaître, de les emporter sur son dos dans le désert, ou d'en faire ce qu'il veut : ce n'est pas le problème du patient !

Le système limbique est au cœur de la relation médecin-malade, j'ai parlé de coup de foudre pour caractériser la rapidité avec laquelle elle doit s'établir. La réaction d'empathie met en branle au niveau des centres émotionnels le retournement des mécanismes de production des symptômes pathologiques. Dire que le médicament, c'est le médecin signifie que c'est dans la relation thérapeutique que se réveille le médecin qui est en nous.

Je signale ici que la biologie des émotions permet de dépasser la dualité corps-esprit et même le concept traditionnel de psychosomatique ; tout est biologique, tout est somatique. Une phrase mystérieuse du Talmud : « Le meilleur des médecins est voué à la géhenne », trouve ici tout son sens. On s'est longtemps demandé pourquoi le médecin, combattant d'avant-garde contre la maladie, était associé à la géhenne, c'est-à-dire à l'enfer, à la mort. Les exégètes du Talmud analysent la géhenne comme le côté matériel de l'homme, son aspect corporel, donc son aspect mortel. Le médecin est bien ici un technicien du corps. La biologie nous permet de dépasser cette apparente contradiction car c'est par le corps que l'on a accès à l'esprit, la relation médecin-malade agit subtilement au niveau de la chimie du cerveau et met en route les processus de guérison.

Le rire nous apparaît comme une des façons de donner cette pichenette psychique, de réveiller notre médecin intérieur. Il n'est pas question, certes, de transformer les cabinets médicaux en cirques ou en music-halls, mais on peut concevoir que l'attitude optimiste, la capacité à restaurer la joie de vivre chez le malade contribue à la guérison.

La volonté de vivre, la volonté de guérir sont en chacun de nous sous forme de mécanismes neuro-biochimiques. Certains individus — Norman Cousins en est un exemple * — ont pu ou peuvent mettre en route eux-mêmes les mécanismes de la guérison.

Le rire est pour cela un allié précieux, j'espère l'avoir démontré ; bien souvent le médecin reste indispensable. Il n'est pas dans mon propos ici de parler de la complexité et de la subtilité du diagnostic médical, mais un diagnostic précis est indispensable, ne serait-ce que parce que toute thérapeutique, qu'elle soit active ou placebo, est susceptible d'entraîner une amélioration symptomatique spectaculaire et de faire retarder ou de méconnaître un diagnostic de maladie organique d'origine précise et réelle.

Les traitements, comme beaucoup de choses, se jugent sur la durée et c'est pour cela que le médecin doit être sûr de son fait, sûr de son diagnostic. Tout praticien, par les effets conjugués de la relation médecin-malade et d'une thérapeutique appropriée, peut obtenir une amélioration pendant deux semaines à un mois. C'est ensuite, si le malade n'est pas guéri, que les choses deviennent plus compliquées. Le médecin doit être, à juste titre, sans forfanterie ni fausse science, suffisamment sûr de lui

---

* Norman Cousins : *Anatomy of an illness* et *The healing heart,* (Norton éd.).

et de son jugement pour imposer à son malade un traitement qui peut être long, lent et parfois décourageant. Si une étincelle suffit parfois à déclencher la volonté de guérir, il faut entretenir ce feu au jour le jour, le faire croître et prospérer. Groddeck, père de la médecine psychosomatique, avait appris la médecine avec le médecin personnel de Bismarck ; il était bien placé pour connaître la valeur de l'autorité absolue du médecin nécessaire au traitement des maladies !

Sans aller jusqu'à de telles extrémités, il est certain qu'une attitude ferme, chez un médecin, faite de calme certitude, est nécessaire pour garder la confiance de ses patients. « Le médecin prend son malade par la main et ne le lâche plus jusqu'à ce qu'il soit au bout du chemin de la guérison. »

Une telle attitude pour le médecin, s'il ne veut pas se prendre trop au sérieux, nécessite une bonne dose d'humour car il y a risque de transformer la relation empathique en relation emphatique (sentencieuse et solennelle). Nous connaissons tous de ces médecins autoritaires, pompeux et redondants, véritables cuistres en dépit de connaissances réelles, et bien incapables de prendre en charge des malades. Être sérieux sans se prendre au sérieux, faire sérieusement son métier sans se prendre au sérieux constitue la véritable attitude du médecin qui doit allier compréhension, connaissance et humour.

L'humour et le rire s'inscrivent dans le contexte d'une perspective élargie de la médecine. L'humour est nécessaire au médecin pour supporter les contraintes de sa pratique quotidienne, le rire réveille et entretient les mécanismes de la guérison mais, plus encore, l'humour et le rire sont nécessaires à l'approche thérapeutique car ils intègrent le patient au sein d'une relation chaleureuse et compréhensive. Si rire de quelqu'un peut représenter un acte d'exclusion cruel, rire avec quelqu'un, et pour le médecin rire avec son malade, c'est le faire entrer dans un réseau de solidarité, d'amitié et de confiance.

IX.

COMMENT RIRE ?
Techniques thérapeutiques

En 1980, les Français riaient encore six minutes par jour ; en 1939, à la veille de la seconde guerre, nous passions pourtant dix-neuf minutes par jour à rire. Je ne sais si le temps moyen de rire journalier a encore diminué, mais cette décroissance est en elle-même significative de l'esprit de sérieux et de la morosité qui tendent à nous envahir. La « déprime » est le mal du siècle, de véritables industries se bâtissent sur le marché de la sinistrose quotidienne ; marché porteur, où la fabrication et la consommation d'anxiolytiques, d'antidépresseurs et de somnifères connaissent une inflation galopante. Le coût socio-économique en prescriptions médicamenteuses, en journées de travail perdues pour arrêt maladie est considérable pour la Sécurité sociale et va croissant.

De telles constatations rendent encore plus nécessaire l'instauration d'une thérapeutique par le rire, efficace et gratuite, qui contribuerait à retourner le mouvement qui fait de nous des drogués aux « pilules du bonheur ».

Établir la gélothérapie (thérapeutique par le rire) est une science neuve qui ne dispose pas encore d'instruments de mesure. Le gélomètre (compteur à rires) n'est pas encore inventé et personne n'a déposé de brevet pour un géloscope (appareil d'observation du rire de chacun).

Les stimuli gélogènes (qui font rire) ne sont pas encore quantifiés ; les psychologues n'ont pas encore défini les traits et les caractéristiques de la personnalité gélophile (qui aime rire). Un seul fait positif dans cette absence de repères : le rire a déjà sa fête nationale, et depuis longtemps, c'est le 1er avril, jour des farceurs et des rieurs. Les Français, qui ne sont pourtant pas spécialement ichtyolâtres (adorateurs du poisson), consacrent ce jour au poisson d'avril pendant qu'en Écosse il est traditionnel de « chasser le coucou », de rechercher les dents des poules, les cercles carrés, et d'extraire l'huile des étriers *(stirrup oil)*.

Un jour de rire par an, cela est peu, d'autant que la tradition du poisson d'avril commence elle-même à se perdre, et l'on ne trouve plus en manchette des journaux datés de ce jour les réjouissantes fausses nouvelles et les improbables dépêches d'agence de presse qui nous divertissaient il y a quelques lustres.

La thérapeutique par le rire commence par l'application de méthodes physiques. Le rire est un réflexe et nous savons en médecine utiliser certaines techniques réflexes ; la sympathicothérapie et le stress nasal en sont des exemples. Les muqueuses du nez possèdent une riche innervation sympathique où prédomine nettement le parasympathique modérateur. Le chatouillement, avec une plume par exemple, de l'intérieur du nez fait rire et agit sur le para-sympathique nasal qui provoque une action de congestion sanguine du bassin et des organes géni-taux. Le chatouillement du nez fait rire et provoque une érection et une excitation génitale. De même le chatouillement interne du nez a un effet relaxant, améliore l'anxiété et les troubles du sommeil. En diminuant le spasme des artères cérébrales, le cha-touillement du nez est actif sur les céphalées et les migraines et permet souvent de les faire disparaître dès leur apparition.

Le menton est une autre zone gélogène (qui fait rire) et puisque l'on rit mieux à deux ou en groupe, pourquoi ne pas commencer la journée en jouant à « je te tiens, tu me tiens par la barbichette », le matin en famille, au petit déjeuner ? L'effet est irrésistible et chasse les mauvaises humeurs et les rancœurs accumulées pendant la nuit. Il est impossible de ne pas s'esclaffer de cette manière, plus on se retient, plus on rit, c'est une libération matinale, une façon de bien commencer la journée, de trouver à la fois l'énergie et la détente propices à la mise en forme. Prendre le temps de s'amuser et de rire quelques minutes le matin provoque une détente salutaire aussi bien pour les enfants avant d'aller à l'école que pour les parents avant de se rendre à leur travail, c'est aussi un moyen aisé de renforcer des liens familiaux, de favoriser la communication dont on sait qu'elle est souvent insuffisante, c'est se retrouver et se réunir.

Si le chatouillement nasal peut être pratiqué par un

individu seul (bien que souvent il soit appliqué par un thérapeute), l'obtention de tous les autres rires réflexes par chatouillement demande la participation d'un tiers ou de plusieurs personnes. Nous avons vu comment il est possible et facile de bien commencer sa journée, mais l'on peut difficilement demander à un collègue de travail de nous chatouiller la plante des pieds ! C'est pourquoi le rire dans la journée sera obtenu par des méthodes de relaxation et de déconditionnement psychique dont je parlerai plus loin.

Le chatouillement physique des zones gélogènes (aisselles, flancs, plante des pieds, etc.) d'un individu peut être pratiqué dans les situations d'intimité par son partenaire, pour détendre l'atmosphère, provoquer la bonne humeur, faire rire. Cela suppose bien entendu que le sujet soit en état de réceptivité pour qu'il ne reçoive pas ces privautés comme une gêne ou une agression. Si les circonstances sont favorables, il ne faut pas hésiter à chatouiller pour faire rire. L'acte sexuel est trop souvent empreint de sérieux, laborieux et compassé. Quelques éclats de rire sont les bienvenus, d'autant que le rire favorise les érections chez l'homme et la réceptivité sexuelle chez la femme. Tous les moyens de rire au lit sont bons, plaisanteries, chatouillements, vidéos comiques, etc. et sont affaire de goût personnel, de réceptivité et d'occasion.

Le chatouillement ne requiert qu'une participation réduite du sujet, puisque le rire est obtenu par mécanisme réflexe ; sa participation se réduit à son accord sous forme d'humeur ludique. Si le sujet est consentant, les chatouillements le feront rire avec plaisir et cette technique est utilisée dans certains centres médicaux.

Bien entendu, le chatouillement et donc le rire doivent être limités à ce que le sujet peut supporter sans désagrément et il n'est pas question de pratiquer une torture par le rire. Une seule minute de rire provoque jusqu'à 45 minutes de relaxation physique complète avec tous les effets bénéfiques que cela suppose. Quelques minutes de rire par chatouillement réparties dans la journée sont l'équivalent d'au moins une heure de culture physique.

Le chatouillement reste cependant une modalité relativement grossière, voire barbare, d'obtenir le rire réflexe qu'on ne doit pourtant pas hésiter à utiliser à bon escient, si nécessaire.

Des techniques respiratoires sont utiles pour provoquer le rire. On peut en effet, à partir d'une éducation respiratoire, d'une gymnastique respiratoire, retrouver le rythme habituel du rire et par entraînement en revivre les conditions psychiques. L'exercice type comporte une inspiration courte, deux à trois secondes, une pause respiratoire de cinq à dix secondes, une expiration saccadée de cinq à dix secondes ; un tel exercice plusieurs fois répété déclenche inévitablement le rire et est simple à pratiquer, seul, dans n'importe quelles conditions. C'est un exercice de détente dont je reparlerai.

Le gaz hilarant, protoxyde d'azote, est un autre moyen physique de faire rire. Il existait au XIXe siècle des salles de spectacle où l'on pouvait, pour une somme modique, venir respirer une bouffée de gaz hilarant. Ces lieux étaient remplis de rire et de joie, la communication sociale y était intense, on y dansait, parlait, discourait tout en conservant assez de lucidité pour ne pas se livrer à des actes regrettables.

La jubilation instantanée par inhalation de faibles doses de protoxyde d'azote est utilisée dans certains centres médicaux aux États-Unis pour obtenir le rire chez les patients en traitement, c'est une technique facile à appliquer et sans danger. Le rire est franc, massif, les inhibitions sont levées, toutes conditions favorables aux techniques de communication du groupe.

Il n'y a pas actuellement de commercialisation ambulatoire de protoxyde d'azote et l'on ne peut pas en acheter un sachet ou un paquet au bureau de tabac. C'est bien dommage, car ce serait beaucoup plus amusant et beaucoup moins toxique que les cigarettes ! Il n'est pas absurde d'imaginer un retour à une utilisation individuelle de ce gaz qui pourrait être disponible en pharmacie. Ce n'est pas une drogue, il n'est pas toxique, il n'y a pas d'accoutumance ni de danger pour la santé. Bien au contraire, ses effets positifs seraient largement utiles dans l'environnement quotidien.

A l'heure où certains pays légalisent la possession et l'utilisation de marijuana, pourquoi pas le protoxyde d'azote ? Il faut remarquer ici que, si la marijuana a la réputation méritée de faire rire, ses utilisateurs expliquent que ce sont des remarques et des événements qui les laisseraient froids dans leur état normal qui deviennent hautement comiques sous l'influence de cette drogue. Il y a dans ce cas une distorsion de l'appréciation de la réalité alors que, dans le cas du protoxyde d'azote, qui n'est pas une drogue, il y a action directe sur les centres du rire et de l'humeur, vraisemblablement par réduction de leur niveau de tension.

Le rire est un facteur de santé et de résistance dans un environnement hostile. A cet égard, il ne serait pas inutile de compléter les trousses de survie dont sont munis les soldats et les explorateurs. A côté des tablettes de nourriture, des antibiotiques et des pansements, pourquoi ne pas ajouter un recueil d'histoires drôles, une cartouche de protoxyde d'azote et une plume !

Si les moyens physiques d'obtenir le rire sont relativement limités, il existe par contre une infinie variété de chatouillements psychiques qui peuvent être utilisés dans la thérapeutique par le rire.

Rire sous-entend être d'humeur ludique. Il est aisé de s'esclaffer, de s'amuser au théâtre ou au cinéma si l'on est d'humeur ludique.

Le premier but de la thérapeutique par le rire sera donc de restaurer cette humeur ludique, cette aptitude à prendre les choses du bon côté, cette vision optimiste du monde qui sont nécessaires pour goûter une plaisanterie. L'humeur ludique est celle de l'enfance, cet enfant rieur que nous avons en nous et que nous devons retrouver. Joseph Heller, romancier américain, fait dire à un de ses personnages âgé de quarante ans : « J'ai enfin découvert ce que je veux faire quand je serai grand, quand je serai grand je veux être un petit garçon. » Vérité profonde qui signifie qu'il faut vivre pour soi, être soi-même, pour être bien dans sa peau et non vivre la vie des autres pour les autres. On a voulu faire de l'égoïsme un défaut, un péché ; l'égoïsme est une qualité qui caractérise l'enfance, qui explique son plaisir et sa

141

joie de vivre. Le rire, comme l'a bien vu Freud, a une composante égoïste, c'est le moi qui refuse de se laisser imposer la souffrance par les réalités extérieures, qui voit même les traumatismes du monde comme occasion de plaisir. Cette admirable volonté de vivre a une valeur positive qu'il faut rechercher et développer. Nouvelle preuve de l'interdépendance des fonctions de l'organisme, le rire se manifeste dans la volonté de vivre, la volonté de vivre se manifeste dans le rire.

Retrouver et conserver l'humeur ludique c'est acquérir les principes de la pensée positive. La pensée positive, pour reprendre une image bien connue, consiste à retenir l'aspect constructif des choses : « Une bouteille à moitié vide est une bouteille à moitié pleine. » Certaines attitudes pratiques devant la vie contribuent à réduire les tensions quotidiennes : ne pas s'imposer des obligations sociales, familiales ou professionnelles contraignantes ou déplaisantes, se préparer aux changements inévitables pour mieux s'y adapter, se ménager des situations compensatrices de détente, apprendre à se faire plaisir.

Retrouver l'humeur de jeu, c'est tout un style de vie. Notre vie serait bien morne si rien ne pouvait nous émouvoir. Toute émotion est nécessaire, mais toute émotion est aussi facteur de stress. Le stress fait partie de la vie, ne pas avoir de stress c'est être mort, mais l'excès de stress est dangereux pour la vie. Il faut apprendre à le contrôler et Selye distingue bien le mauvais stress (distress) du bon stress (eustress). Le bon stress donne de l'énergie, il est le piment de la vie.

142

Pour chacun, la vie est pleine d'incertitudes mais avant de se faire trop de souci, il faut se poser ces simples questions : vais-je aller mieux si je me fais du souci ? Aurai-je plus d'argent ou risquerai-je moins un accident si je me fais du souci ? Il est probable que se faire du souci accroît les risques dans tous les domaines. La réduction des tensions quotidiennes, premier pas pour restaurer l'humeur ludique passe donc par une hygiène de vie, une modification des comportements et des habitudes nocives ou inadaptées.

Les quelques conseils pratiques ci-dessous sont utiles pour maîtriser les facteurs de stress :

1) Adopter une diététique visant à renforcer la résistance de l'organisme en apportant vitamines et sels minéraux. Privilégier pain et riz complets. Diminuer les graisses en supprimant le beurre cuit, en évitant le beurre cru, en consommant de préférence des huiles végétales crues, en diminuant la viande rouge et les œufs, en mangeant plus souvent du poisson, en remplaçant les laitages gras par des laitages écrémés. Diminuer le sel, le café, l'alcool, le tabac. Boire de l'eau minérale et des tisanes.

2) Faire l'inventaire des facteurs habituels de stress et essayer d'éliminer les plus importants.

3) Essayer de se soustraire à l'entourage, de se ménager des périodes de détente dans son emploi du temps. Ne pas s'obstiner quand on bute sur un mur mais passer à autre chose.

4) Ne pas chercher à plaire à tout le monde.

5) Admettre la critique, mais aussi dire ce que l'on pense sans le garder pour soi.

6) Aimer ce que l'on fait mais ne pas gaspiller son temps et son énergie.

7) Apprendre à marcher et à faire du sport régulièrement et sans forcer.

Un organisme moins stressé est plus détendu, plus près de l'humeur ludique, plus apte à retrouver le rire qui est en lui. Pouvoir rire tout au long de la journée, avoir le sens de l'humour ne signifie pas rire de tout, à tout propos. C'est être capable d'apprécier le côté comique des choses en même temps que leur côté sérieux, pour reprendre la phrase de Groddeck. L'humour a pour fonction d'expulser des impulsions hostiles et une accumulation de petits stress quotidiens d'une façon socialement acceptable. C'est une libération périodique de la logique, du sérieux et des responsabilités de la vie.

Il n'est pas trop difficile de trouver des occasions de rire et de comique dans la vie quotidienne surtout si l'on est en humeur de les apprécier. Je ne citerai pas ici les mille situations comiques que chacun peut rencontrer, dans la rue, dans les moyens de transport, à son travail, à la maison, c'est affaire d'appréciation personnelle et surtout d'état d'esprit. Le comique, le risible sont partout pour qui sait les voir mais surtout il ne faut pas hésiter à en rire, à se laisser aller, toute occasion est bonne, tout rire gagné est favorable. Si l'on creuse sa tombe avec ses dents, chaque éclat de rire retarde le moment où la fosse sera prête.

Le comique professionnel est à l'évidence un bon moyen de rire, une place au cinéma est bien moins chère qu'une consultation médicale, surtout si celle-ci est accompagnée d'une longue ordonnance. J'extrais

144

de Mark Twain cette citation : « Le vieillard éclata d'un rire tonitruant qui le secoua des pieds à la tête ; puis, après avoir retrouvé son calme, dit que se payer une telle pinte de bon sang valait de l'or, qu'il ne connaissait rien de plus efficace pour réduire les frais de médecin. »

Pour rester dans le domaine économique, un ami médecin m'a même raconté qu'il avait réussi à obtenir, pour un de ses malades, que la Sécurité sociale lui rembourse l'achat de « Rire sur ordonnance » le livre de Jean Charles. Si même l'Administration a de l'humour, tous les espoirs sont permis.

Les professionnels du comique et de l'humour ont produit, ont réalisé et continuent de réaliser un grand nombre de livres, films, pièces de théâtre, spectacles drôles. Il y en a pour tous les goûts, depuis le rire gras, le plus vulgaire et le plus débraillé, jusqu'aux productions les plus subtiles et les plus spirituelles. Il est impossible d'en dresser un catalogue exhaustif mais je citerai en annexe ma pharmacopée personnelle, c'est-à-dire ce que je trouve drôle et que je recommande volontiers.

Un bon moyen de rire, simple et économique, est d'aller voir un spectacle comique ou d'acheter un livre drôle. Bien qu'évident, ce moyen n'est pas suffisamment mis en pratique. Les spectacles comiques ont certes habituellement du succès mais on n'a jamais vraiment étudié qui va les voir. Il n'est pas entré dans les mœurs d'aller rire au cinéma quand on se sent morose et déprimé, et pourtant quel merveilleux moyen de se changer les idées, de s'aérer l'esprit. Il y a de tels talents chez les comiques qu'on ne peut que recommander de courir les voir et les entendre. Une soirée passée à rire au spectacle est au moins la certitude d'une bonne nuit de sommeil, alors que l'on dormira à un spectacle austère où l'on s'ennuie, ce qui ne fera qu'accentuer l'insomnie de la nuit.

Le comique, l'amusement, la réjouissance sont finalement mal vus, manquent d'élévation spirituelle ; il existe une sorte de snobisme du sérieux et de l'ennuyeux. Nous devons à toute force combattre cet état d'esprit pour notre santé et notre plaisir.

Les histoires drôles jouent sur la rapidité, la pointe, la chute, il en existe d'innombrables recueils et il est toujours souhaitable d'en avoir quelques-uns disponibles chez soi. Ce n'est pas le fonds d'une bibliothèque mais ce sont des livres que l'on peut feuilleter de temps en temps pour se chatouiller l'intellect. C'est aussi l'occasion de mémoriser quelques histoires que l'on pourra toujours placer dans la conversation. Les histoires drôles — point trop s'en faut — sont idéales pour détendre l'atmosphère, créer l'ambiance dans une réunion, passer le temps entre amis, relancer une conversation moribonde. Les histoires drôles s'échangent, circulent, se modifient, s'adaptent. Bien sûr, leur choix est sans doute significatif, celui qui rit aux histoires graveleuses a peut-être des problèmes sexuels, celui qui aime les plaisanteries racistes a probablement des relations troubles avec les étrangers, etc. Mais de toute manière, chacun ayant des problèmes relationnels et conflictuels de tout ordre, mieux vaut en rire.

Le rire est un lubrifiant des relations humaines et il n'est pas indifférent de savoir qu'il existe une relation entre le rire et le succès, pas obligatoirement la richesse et le succès social, mais à coup sûr le succès dans la réussite de sa vie, dans l'accomplissement de sa destinée.

On aime les gens qui ont le sens de l'humour, on recherche leur compagnie, on leur demande ce qui les fait rire, on recherche leur avis, on leur fait confiance ; dans la vie professionnelle leurs relations sont souvent meilleures et leur réussite plus facile.

Je propose un programme de traitement par le rire, le programme *Gélos,* qui apporte une amélioration de l'état général, une sensation de bien-être, une attitude plus détendue, une capacité à faire face au stress, une diminution de l'anxiété, de la nervosité et des idées dépressives. Ce programme est également utile dans le traitement de l'hypertension artérielle, des insomnies, des céphalées, de l'impuissance et de l'ensemble des manifestations fonctionnelles digestives.

Le programme Gélos est un abord global de l'individu à travers son corps où le rire agit comme élément moteur du rééquilibrage neurovégétatif. Au rire, élément actif qui constitue à la fois une gymnastique, une relaxation et un stimulant intellectuel, s'ajoutent des prescriptions hygiéno-diététiques dont j'ai parlé plus haut et un apprentissage de techniques de modification du comportement. Ce programme permet à la fois d'agir sur les composantes psychologiques, biologiques, diététiques et physiques des maladies, cette addition de voies d'abord thérapeutiques augmente les chances de succès du traitement.

Pour ce qui est du volet « rire » du programme Gélos, il vise à provoquer au minimum trente minutes de rire quotidien. Ce rire est obtenu essentiellement par des exercices respiratoires rythmés et est réparti dans la journée par tranches de dix minutes matin, midi et soir. On conseille de pratiquer de brefs exercices de rire isolés, au bureau, en voiture, partout où cela est possible et plusieurs fois par jour. Ces exercices de rire réflexe sont complétés par une réadaptation progressive à l'humour quotidien au moyen de lectures et de spectacles. A cette réadaptation individuelle s'ajoutent deux grandes séances hebdomadaires de rire collectif d'une durée d'une heure où les participants ont toute liberté de faire le pitre, de proférer des énormités, de se rencontrer dans une atmosphère de joie et de fête.

Je détaillerai en annexe les modalités du programme Gélos ainsi que l'organisation possible d'un Centre du rire.

X.

CONCLUSIONS

Pour conclure ce livre, qui, tout en traitant du rire, est une réflexion médicale sur l'abord global des problèmes de la santé, sur l'identité profonde des processus physiologiques et des processus pathologiques, sur l'influence de l'humeur et du moral dans le développement des maladies, je formule ici dix propositions :

1) Le rire est la manifestation physiologique d'un état de plaisir.

2) Le rire aide à la cohésion du groupe social et construit de meilleures relations humaines.

3) Le rire aide à vivre plus longtemps et en meilleure santé.

4) Le rire est une gymnastique mentale, musculaire et respiratoire.

5) Le rire est la meilleure thérapeutique anti-stress.

6) Le rire et l'humour permettent d'établir une

meilleure communication entre le médecin et son malade.

7) Le rire n'est que très rarement un symptôme de maladie, c'est presque toujours un signe de santé physique et psychique, une manifestation de la volonté de vivre.

8) L'utilisation thérapeutique du rire ne connaît pas de contre-indication.

9) Soigner par le rire n'est qu'un des éléments d'une médecine de l'homme total : le médecin doit d'abord s'aider de tout ce qu'il peut découvrir par rapport aux causes probables de la maladie, il doit fonder son diagnostic sur l'ensemble des symptômes ; avant de passer au traitement, il doit prendre en considération l'âge, le sexe, la constitution physique, le caractère et les habitudes de son malade.

10) Le rire est une médecine naturelle, mais la nature ne peut que rarement être abandonnée à elle-même ; le médecin doit la surveiller sans cesse ; bien souvent, le médecin ne peut ni ne doit rester inactif.

ANNEXES

ÊTES-VOUS GÉLOPHILE*?

Ce test permet d'évaluer la place du rire dans votre personnalité, tout en tenant compte de votre éventuel sens de l'humour. Vous pouvez donner plusieurs réponses à la même question ou ne pas répondre à une question si vous estimez qu'elle ne vous concerne pas.

1. *Riez-vous?*
> A — beaucoup
> B — trop
> C — un peu
> D — jamais

2. *Souriez-vous?*
> A — souvent
> B — rarement
> C — jamais

3. *Aimez-vous rire?*
> A — oui
> B — non
> C — oui, mais vous n'y arrivez pas souvent
> D — non, mais vous le regrettez

---

* Gélophile . qui aime rire (du grec *gelos* rire et *philos* : amour).

4. *Aimez-vous entendre rire autour de vous?*
- A — oui, toujours
- B — non, jamais
- C — oui, mais cela vous met mal à l'aise
- D — oui, parfois

5. *Qui aimez-vous entendre et voir rire autour de vous?*
- A — votre conjoint
- B — vos enfants
- C — vos amis
- D — vos collègues
- E — votre employeur
- F — tout le monde
- G — personne

6. *Dans quelles conditions préférez-vous rire?*
- A — seul
- B — entre amis
- C — en famille
- D — au spectacle

7. *Quand riez-vous?*
- A — le matin
- B — le soir
- C — aux repas
- D — la nuit
- E — tout le temps

8. *Le rire tient-il une place importante dans votre famille?*
- A — oui
- B — non

9. *Vous souvenez-vous d'avoir été taquiné quand vous étiez petit?*
- A — oui, beaucoup
- B — oui, rarement

154

C — non, jamais
D — ne se souvient pas

10. *Aimez-vous entendre raconter des histoires drôles ?*
    A — oui, toujours
    B — oui, si cela est en petite quantité
    C — non

11. *Racontez-vous, vous-même, des histoires drôles ?*
    A — parfois
    B — souvent
    C — jamais
    D — vous aimeriez, mais vous n'en connaissez pas

12. *Au cinéma, quel genre de films préférez-vous ?*
    A — les films policiers
    B — les films d'aventure
    C — les grands mélodrames
    D — les films d'amour
    E — les films à thèse
    F — les comédies dramatiques
    G — les films comiques
    H — les films loufoques
    I — les films historiques

13. *Quel genre de livres préférez-vous lire ?*
    A — les romans
    B — les documents
    C — les livres drôles
    D — les livres sérieux
    E — les livres d'humour noir
    F — les romans policiers
    G — un peu de tout

14. *Quand vous sortez, que préférez-vous ?*
    A — aller au cinéma
    B — aller au théâtre

C — aller voir un spectacle de variétés
D — aller au restaurant
E — aller au restaurant et au spectacle
F — aller au cirque
G — rendre visite à des amis

15. *Quand vous riez, de quelle façon riez-vous ?*
A — toujours en silence
B — toujours bruyamment
C — bruyamment si les autres en font autant
D — en silence ou bruyamment, suivant le cas

16. *De quoi riez-vous ?*
A — de la maladresse des autres
B — de votre propre maladresse
C — de votre maladresse et de celle des autres
D — vous ne riez jamais, ni de votre maladresse, ni de celle des autres

17. *De quoi riez-vous ?*
A — de vos propres plaisanteries
B — des plaisanteries des autres
C — de vos propres plaisanteries et de celles des autres
D — les plaisanteries ne vous font pas rire

18. *Quand vous riez, vous arrive-t-il de... ?*
A — vous forcer à rire pour faire plaisir
B — vous forcer à rire pour être « dans le coup »
C — vous retenir de rire pour ne pas vexer ou faire de la peine
D — vous retenir de rire pour éviter de faire plaisir

19. *Quand vous regardez la télévision, que préférez-vous ?*
A — les films
B — les dramatiques
C — les débats

156

D — les informations
E — les émissions amusantes
F — les jeux télévisés
G — un peu tout, si c'est sérieux
H — un peu tout, si c'est amusant
I — la publicité

20. *Aimeriez-vous rire davantage ?*
    A — oui
    B — non
    C — ne sait pas

21. *Vous est-il déjà arrivé d'éclater de rire dans un endroit où cela est mal vu (église, cimetière, réception officielle) ?*
    A — oui
    B — non

22. *Quelles sont les histoires drôles que vous préférez ?*
    A — histoires licencieuses
    B — comique troupier
    C — parodies
    D — histoires caractérisant un groupe social (histoires belges, juives, suisses, etc)
    E — histoires macabres
    F — humour noir
    G — vous n'aimez pas les histoires drôles

23. *Vous arrive-t-il de rire en faisant l'amour ?*
    A — oui
    B — non, jamais
    C — oui, rarement

24. *Vous souvenez-vous de plus de dix occasions dans votre vie où vous avez ri très fort et très longtemps ?*
    A — oui
    B — non

25. *Avez-vous, aujourd'hui, l'impression de rire... ?*

    A — moins qu'il y a cinq ans
    B — plus qu'il y a cinq ans
    C — autant qu'il y a cinq ans

26. *Si vous riez moins qu'il y a cinq ans, le regrettez-vous ?*

    A — oui
    B — non
    C — cela vous est égal

27. *Estimez-vous avoir le sens de l'humour ?*

    A — oui
    B — non
    C — ne sait pas

28. *A propos de votre santé, vous estimez-vous... ?*

    A — en bonne santé
    B — souvent malade
    C — inquiet pour votre état de santé
    D — inquiet pour l'état de santé de vos proches

29. *Avez-vous des insomnies ?*

    A — souvent
    B — parfois
    C — jamais

30. *Pensez-vous que les gens qui vous connaissent vous qualifient de... ?*

    A — personne sérieuse
    B — personne compétente
    C — personne triste
    D — personne drôle et spirituelle
    E — personne pas sérieuse
    F — gai luron, boute-en-train

ÊTES-VOUS GÉLOPHILE ?

31. *Combien de spectacles comiques avez-vous vu cette année ?*

    A — aucun
    B — un seul
    C — plus de cinq
    D — plus de dix
    E — plus de cinquante
    F — ne sait pas

32. *Pensez-vous savoir voir le côté comique des choses sérieuses ?*

    A — oui
    B — non

33. *Si vous aviez à choisir, que préféreriez-vous ?*

    A — être pauvre et malade
    B — être riche et malade
    C — être pauvre et en bonne santé
    D — être riche et en bonne santé

Réponses au test

Pour chaque question, voir le chiffre qui correspond à la lettre retenue et faire l'addition avant de se reporter au tableau suivant :

1.	2.	3.
A = + 2	A = + 2	A = + 2
B = − 2	B = 0	B = − 4
C = 0	C = − 4	C = + 1
D = − 2		D = + 1

4.	5.	6.
A = + 3	A = + 1	A = + 1
B = − 4	B = + 1	B = + 2
C = − 2	C = + 1	C = + 2
D = 0	D = + 1	D = + 1
	E = 0	
	F = + 1	
	G = − 3	

7. A = + 3
B = + 1
C = + 1
D = + 2
E = + 1

8. A = + 5
B = − 3

9. A = + 3
B = 0
C = − 3
D = − 1

10. A = + 2
B = 0
C = − 2

11. A = + 1
B = + 2
C = − 2
D = + 1

12. A = 0
B = 0
C = + 1
D = 0
E = − 3
F = − 1
G = + 2
H = + 3
I = 0

13. A = + 1
B = 0
C = + 2
D = − 1
E = + 2
F = 0
G = + 1

14. A = + 1
B = + 1
C = + 2
D = 0
E = + 1
F = + 2
G = + 1

15. A = 0
B = 0
C = − 2
D = + 2

16. A = + 1
B = + 3
C = + 5
D = − 4

17. A = + 2
B = + 2
C = + 3
D = − 3

18. A = − 2
B = − 4
C = − 3
D = − 5

19. A = + 1
B = − 2
C = − 3
D = 0
E = + 1
F = + 1
G = − 3
H = + 1
I = + 2

20. A = + 1
B = − 2
C = − 1

21. A = + 3
B = 0

160

22. A = + 1
    B = + 1
    C = + 2
    D = + 1
    E =   0
    F = + 1
    G = − 3

23. A = + 3
    B = − 4
    C = + 1

24. A = + 5
    B = − 5

25. A = − 3
    B = + 1
    C = + 1

26. A = + 1
    B = − 2
    C = − 3

27. A =   0
    B = − 1
    C = + 1

28. A = + 5
    B = − 5
    C = − 2
    D = − 2

29. A = − 5
    B = − 2
    C = + 5

30. A = − 1
    B = − 1
    C = − 4
    D = + 2
    E = − 1
    F = + 2

31. A = − 5
    B = − 3
    C =   0
    D = + 2
    E = − 2
    F = − 1

32. A = + 5
    B = − 5

33. A = − 5
    B = − 5
    C = + 3
    D =   0

Après avoir additionné tous vos résultats, en tenant compte du coefficient plus ou moins, vous obtenez un résultat total qui vous permet de vous situer dans une des catégories ci-dessous ·

De − 100 à − 60 : il paraît difficile d'être aussi triste et si c'est bien votre cas, il est vraiment temps de réagir.

De − 60 à − 20 : vous n'êtes pas un gai luron, mais il y a pire, dégrafez-vous un peu, vous ne risquez rien.

161

De − 20 à + 20 : vous êtes dans une honnête moyenne mais vous pouvez mieux faire.

De + 20 à + 60 : vous êtes sans doute un rieur ou une rieuse de bonne compagnie, mais un peu plus d'humour à votre propre égard ne serait pas inutile.

De + 60 à + 80 : vous êtes le type même du bon rieur, équilibré, qui prend la vie du bon côté et peut en profiter au maximum.

De + 80 à + 100 : vous riez trop pour que ce soit honnête. Souvenez-vous que le mieux est l'ennemi du bien.

LE PROGRAMME GÉLOS

Les troubles neurovégétatifs, la spasmophilie, les désordres métaboliques, le stress sont responsables d'un grand nombre d'états pathologiques et contribuent au développement de la plupart des maladies organiques.

Le programme Gélos est d'une attitude à la fois préventive et thérapeutique qui n'apporte pas de médicament miracle, mais associe de façon synergique un certain nombre de techniques qui se sont révélées efficaces dans le domaine de la pathologie dite fonctionnelle. Au sein de ce programme, le rire intervient en raison de ses vertus stimulantes pour l'humeur, à titre d'exercice physique et de méthode de relaxation.

L'application du programme Gélos est précédée par un bilan médical complet. Ce bilan est à la fois clinique, paraclinique et biologique.

Le bilan clinique comporte un interrogatoire destiné à préciser la symptomatologie du sujet, ses habitudes de vie, sa personnalité, ses éventuels facteurs de stress et un examen somatique complet.

Le bilan paraclinique comporte un électrocardiogramme, pour vérifier l'état du cœur, des épreuves fonctionnelles respiratoires, une radiographie des poumons pour évaluer les possibilités de ventilation et un électromyogramme pour dépister une éventuelle hyperexcitabilité neuromusculaire.

D'autres investigations spécialisées peuvent être nécessaires en fonction de chaque cas particulier.

Le bilan biologique comporte des examens de sang (numération et formule sanguine, étude de la coagulation), un bilan lipidique (cholestérol, triglycérides, lipides), un bilan glucidique (glucose sanguin, hyperglycémie provoquée), un bilan ionique (sels minéraux dans le sang et les urines), un dosage de l'élimination urinaire des catécholamines (hormones du stress). Là encore, d'autres explorations plus spécifiques peuvent être nécessaires.

Le programme Gélos consiste en une prise de conscience des facteurs de stress, une diététique appropriée, un rééquilibrage vitaminique et minéral, l'apprentissage et l'utilisation de la fonction du rire.

La prise de conscience des facteurs de stress et des habitudes de comportement néfastes se fait au cours du dialogue régulier établi entre le médecin et le malade.

La diététique vise à corriger les déséquilibres alimentaires pour renforcer les défenses de l'organisme et assainir son métabolisme.

Le traitement vitaminique et minéral prescrit sur une longue durée est destiné à réduire l'hyperexcitabilité neuromusculaire.

L'apprentissage de la fonction du rire se fait par des méthodes réflexes respiratoires et par des exercices de grimace devant la glace. Ces exercices qui provoquent le rire sont répétés plusieurs fois par jour jusqu'à obtenir un total idéal de trente minutes de rire quotidien. Ce temps de rire assure la gymnastique musculaire nécessaire à l'organisme ainsi qu'un effet de relaxation qui s'étend sur toute la journée et favorise le sommeil.

L'utilisation de la fonction du rire se fait par des méthodes de déconditionnement psychologique, modification des comportements et des attitudes, optimisme devant la vie, éducation de la fonction de l'humour envers soi et envers les événements de la vie.

LE PROGRAMME GÉLOS

La durée du programme Gélos est variable mais habituellement il suffit de deux à trois entretiens à quelques semaines d'intervalle pour que le sujet puisse se prendre en charge lui-même.

LE CENTRE DU RIRE

Le Centre du rire, qui est un projet, pourrait être le lieu idéal d'application du programme Gélos. Il permettrait de réunir sous un même toit les éléments proprement médicaux du programme et des activités socioculturelles ludiques.

Les éléments médicaux, à proprement parler, comportent le matériel de diagnostic mais aussi des salles de traitement, sortes de salles de rééducation ou de gymnastique, où les médecins et les moniteurs de rire (thérapeutes ou comédiens) pourront appliquer les diverses techniques de rire réflexe, soit individuellement, soit en groupes. A la différence des psychothérapies habituelles qui sont souvent mornes et compassées, ce seraient des lieux d'échange joyeux, de liberté, où chacun pourrait dire et faire ce qui lui passe par la tête, où toutes les idées drôles seraient volontiers accueillies, une thérapie de groupe où le défoulement agressif serait remplacé par l'expression ludique. Il serait en outre souhaitable d'adjoindre de véritables installations de culture physique et d'hydrothérapie.

Les éléments socioculturels seront centrés sur les expressions artistiques du rire, du comique et de l'humour : salle de lecture et bibliothèque riches en livres gais, livres d'humour,

166

LE CENTRE DU RIRE

bandes dessinées, auteurs comiques, recueils de dessinateurs spécialisés et, pourquoi pas, une photothèque de « cartoons », voire une salle d'exposition destinée à montrer les productions modernes.

On pourrait aussi y chanter car le chant est aussi sain que le rire.

De même que jadis les gens se réunissaient pour faire la fête, partager le quotidien, marquer les saisons par des rites et des danses, le fait de chanter ensemble tenait dans leur vie une place essentielle.

Par bien des aspects, le chant dans ses manifestations physiologiques ressemble au rire, possède des effets thérapeutiques comparables. Des professeurs, comme Yva Barthélémy, qui se sont penchés sur les mécanismes du chant et de l'appareil phonatoire, ont totalement conscience de ce que le chant met en mouvement au niveau du diaphragme par le biais d'une respiration maîtrisée. Le desserrage laryngé (le larynx étant le lieu du corps où s'expriment et se manifestent toutes les angoisses : « J'ai la gorge nouée, serrée, la voix étranglée, une boule dans la gorge, etc. ») sera réalisé grâce à des exercices progressifs et soigneusement étudiés. Des résonateurs bien « ouverts » favorisent l'émission de vibrations sonores fantastiquement gratifiantes pour le sujet qui en prend enfin conscience, « jouit de sa voix ». La sensation d'équilibre général et de relâchement des tensions au niveau du dos et de la nuque se trouve renforcée par un bon positionnement de la tête et de tout le corps pendant l'émission vocale. Tous ces exercices, tous ces mouvements soigneusement mis au point par certains professeurs au fil des années, concourent non seulement au beau chant ou à la rééducation, à la « réparation » des cordes vocales, mais aussi à la détente nerveuse et musculaire. Dans certaines vocalises, les sons piqués ou « cocottes », on reproduit les mécanismes mêmes du rire.

Après une bonne leçon de chant, on est indéniablement euphorique et optimiste pour toute une semaine ! Ceux qui ne parviennent pas à rire peuvent toujours tenter de chanter.

Et ceux qui chantent découvrent qu'ils sont plus heureux de vivre... et donc plus prêts à rire !

Une salle de projection est indispensable ; accompagnée d'une cinémathèque et d'une vidéothèque des chefs-d'œuvre les plus hilarants du cinéma, cette salle peut être le banc d'essai pour les nouveaux réalisateurs. Une scène où l'on pourrait tester ou monter des effets et des pièces comiques produits par le Centre ou à l'extérieur Et pourquoi pas une boutique de farces et attrapes.

La création d'un tel libre-service du rire, ou mieux, d'une maison du rire et de la culture offrirait à la fois un merveilleux lieu de rencontre et un original contrepoids à la morosité quotidienne.

JEUX DE SOCIÉTÉ

Le chat qui rit

Les joueurs forment un cercle, un des joueurs est au milieu du cercle et doit raconter des histoires ou faire des grimaces. La première personne du cercle qui éclatera de rire remplacera celui ou celle qui se trouvait dans le cercle.

Le rire au ventre

Les joueurs forment une chaîne (à jouer sur une plage), chacun ayant la tête posée sur l'abdomen de celui qui le précède. Bientôt un des joueurs éclate de rire, le rire se propage comme une onde à tous les autres.

Rira bien qui rira le dernier

Une personne raconte des histoires devant un groupe. Toute personne qui rit doit quitter la pièce, le dernier qui reste devient celui qui raconte les histoires et l'on recommence...

Le bide le plus long

Tout participant à ce jeu qui raconte une histoire où personne ne rit reçoit un gage. Le premier qui atteint dix gages est le perdant.

Le jeu de la cagnotte
(raconté par Joëlle de Gravelaine)

« Chaque fois que l'on émet la moindre critique sur soi, on met cinquante francs dans une boîte destinée à cet usage. Chaque fois qu'on émet sur soi un propos positif, on reprend cent francs. On peut changer la somme évidemment. Si on débine un membre du club, on paie deux fois plus cher. Au bout de quelques jours, on s'aperçoit qu'on est presque ruiné, alors on change de discours, on commence à se trouver très intelligent — et toc, je reprends cent francs ! — très beau, très bien sous tous rapports. Tout ça devant témoins. Et on remonte sa trésorerie. Lorsque la caisse est vide, on est guéri.

Essayez, vous verrez, c'est épatant ! Et une fois que vous aurez attrapé le coup, vous deviendrez très inventif, et vous pourrez à votre tour devenir thérapeute à part entière, trouver de nouveaux jeux qui vous transformeront, vous et vos proches, en créatures optimistes et de bonne compagnie *. »

---

* Cf. : revue *Autrement*, « Les nouvelles thérapies ».

MA PHARMACOPÉE

Il existe un certain nombre de « produits » de base qui font rire. Ces créations comiques sont l'aspirine ou les antibiotiques du rire, donc des classiques incontournables. Mais, de même que tout médecin utilise plus volontiers certains types de médicaments que d'autres, l'ordonnance ci-desous reflète surtout la personnalité et les goûts de son prescripteur.

Bandes dessinées

La série des Astérix reste un modèle. Érudition et cocasserie. L'Histoire en s'amusant.

Café-théâtre

Si l'on en croit les publicités, il semble fonctionner sur le rire.

Cinéma

Tous ces films repassent régulièrement au cours de festivals ou de reprises, il suffit de consulter un programme. Disponibles en cassettes vidéo pour usage privé :

— Charlie Chaplin : de la tarte à la crème à la satire sociale. Inusable.

— Buster Keaton : fait rire en ne riant jamais. Impeccable.

— Les frères Marx : les comédies les plus délirantes de l'histoire du cinéma, l'absurde poussé à son point de non-retour.

L'autobiographie de Harpo Marx (Éditions Charles Mandel) et la correspondance de Groucho Marx (Éditions Champ Libre) sont également des déridants de premier choix. Inimitables.

— W. C. Fields avec ou sans Mae West : l'alcool et le sexe dans tous leurs effets comiques et destructeurs. Indispensable.

— Mel Brooks : le renouveau de la comédie américaine. Gags et farces énormes. Aucun respect pour les mythes sacrés. Impitoyable.

— *Les dieux sont tombés sur la tête* de Jamie Uys : la révélation comique de 1983. Inespéré.

Dessins d'humour

Basés sur la brièveté du gag, donc parfois indigestes en recueil. Mes préférés : Chas Adams, Chaval, Sempé.

Livres

— Tout Allais : Alphonse Allais, écrivain français de la fin du XIXe siècle, maître du non-sens et de l'absurde. Œuvres complètes en onze volumes à la Table Ronde.

— Tout Cami : écrivain français célèbre dans l'entre-deux-guerres. Parfois inégal, mais tout est drôle. Absurde, humour noir et dérision. Quelques titres disponibles en édition de poche et chez J.-J. Pauvert.

— Pierre Dac : le rire français des années cinquante. Saugrenu, loufoquerie et calembours. *L'Os à moelle* et *Les*

172

Pensées sont disponibles (Presses-Pocket). En collaboration avec Francis Blanche : *Signé Furax.*

— Benchley : quintessence de l'humour américain à la grande époque du « New Yorker ». Son slogan : « Le non-sens pour le non-sens. » L'anthologie parue chez Julliard en 1963 a été récemment rééditée en 10/18.

— Thurber : Américain proche de Benchley, spécialisé dans l'humour glacé, également dessinateur. Rééditions disponibles en 10/18.

— Saki : écrivain anglais du début du siècle. Mystifications, farces et attrapes, plaisanteries macabres et humour désinvolte. Réédition en 10/18.

— O. Henry : Américain (1862-1910). Histoires d'aventuriers qui ont fait tous les métiers (cow-boys, débardeurs). Irrésistible. Réédition en Livre de Poche.

— Recueils d'histoires drôles, du meilleur au pire, souvent agréables à feuilleter. Hervé Nègre (Livre de Poche). *Popeck raconte* (Mengès).

Music-hall

— Raymond Devos : le seul qui fasse rire intelligemment sans donner de remords.

Théâtre

Ne fait plus rire depuis que la comédie est devenue porteuse de message et le « boulevard », cérébral.

TABLE DES MATIÈRES

ANNEXES

*Achevé d'imprimer le 10 novembre 1983
sur presse CAMERON,
dans les ateliers de la S.E.P.C.
à Saint-Amand-Montrond (Cher)
pour le compte des éditions Robert Laffont*